U0925138

Smart Town Infrastructure Practice

智慧小镇基础建设实务

中浙信科技咨询有限公司——编著

清華大学出版社
北京

内 容 简 介

本书基于浙江首批试点小镇的全面工作成果，总结归纳了“线乱拉”专项治理工作实务经验，包括规划、设计、施工及创新产品应用等一系列工作内容，为开展相关工作的读者提供参考，并共同展望和畅想未来建设智慧小镇的思路和场景。全书以图文并茂的形式生动地展示了治理工作方式方法，具有很好的指导示范作用。本书主要面对读者是城镇政府管理者、运营商和通信建设服务单位。

图书在版编目(CIP)数据

智慧小镇基础建设实务 / 中浙信科技咨询有限公司编著. —北京：清华大学出版社，2019
ISBN 978-7-302-53714-4

Ⅰ.①智…　Ⅱ.①中…　Ⅲ.①小城镇－城市建设－研究－浙江　Ⅳ.①F299.275.5

中国版本图书馆 CIP 数据核字（2019）第 187908 号

责任编辑：刘　洋
封面设计：徐　超
版式设计：方加青
责任校对：王荣静
责任印制：宋　林

出版发行：清华大学出版社
网　　址：http://www.tup.com.cn，http://www.wqbook.com
地　　址：北京清华大学学研大厦 A 座　　**邮　　编：**100084
社 总 机：010-62770175　　**邮　　购：**010-62786544
投稿与读者服务：010-62776969，c-service@tup.tsinghua.edu.cn
质 量 反 馈：010-62772015，zhiliang@tup.tsinghua.edu.cn
印 装 者：小森印刷（北京）有限公司
经　　销：全国新华书店
开　　本：187mm×235mm　　**印　　张：**9.75　　**字　　数：**173 千字
版　　次：2019 年 12 月第 1 版　　**印　　次：**2019 年 12 月第 1 次印刷
定　　价：69.00 元

产品编号：085009-01

本书编委会

前言

小城镇上接城市、下连农村，在统筹城乡发展中具有重要的战略结点作用。改革开放以来，小城镇异军突起，成为城市化进程的重要组成部分和力量源泉，是区域和城乡协调发展的一大特色和优势。以浙江为例，省政府制定的“八八战略”中提出要进一步发挥浙江的城乡协调发展优势，统筹城乡经济社会发展，加快推进城乡一体化。历届省委、省政府坚持以“八八战略”为总纲，一张蓝图绘到底、一届接着一届干，着眼新型城市化和城乡一体化发展新趋势，先后作出中心镇发展改革、小城市试点培育、特色小镇创建、小城镇环境综合整治等重大决策，且取得了明显成效，也为小城镇管线专项治理积累了较为丰富的经验。

因此，深入贯彻落实习近平总书记“干在实处永无止境，走在前列要谋新篇”的新期盼新要求，就必须加快补齐美丽城镇建设这个短板，把美丽城镇建设作为实施乡村振兴战略的战略支点和重要突破口，全面消除脏、乱、差现象，全域推进美丽城镇建设；就必须进一步发挥好小城镇的战略节点作用，更好地发挥对城市的承接疏导作用和对乡村的辐射带动作用，加快构建以都市区为主体形态、大/中/小城市和小城镇协调发展的城乡一体化格局，推动城乡高质量融合发展；就必须以改革为统领，以“最多跑一次”改革为支点，破除制约小城镇健康可持续发展的各项体制性、机制性障碍，进一步畅通城乡资源要素交换通道，促进新旧动能转换，推动城乡高质量发展，加快“两个高水平”建设。

习近平总书记对生态文明建设很早就提出了许多重要思想，特别是鲜明地提出了“我们既要绿水青山，也要金山银山。宁要绿水青山，不要金山银山，而且绿水青山就是金山银山”的重要论述。正在开展的“美丽中国”“美丽浙江”“美丽城镇”建设，都体现了习总书记的上述重要思想。

毫无疑问，生态文明建设是一个非常重大和重要的课题，需要全社会的成员贡献知识力量，本书编写组成员作为小城镇环境综合整治行动——“线乱拉”专项治理工作的首批参与者，基于浙江首批试点小镇的全面工作成果，总结归纳了“线乱拉”专项治理工作实务经验，为开展相关工作的读者提供参考，并共同展望和畅想未来建设智慧小镇的思路和场景。

本书编著者

目录

第一章

小城镇管线治理的背景和意义

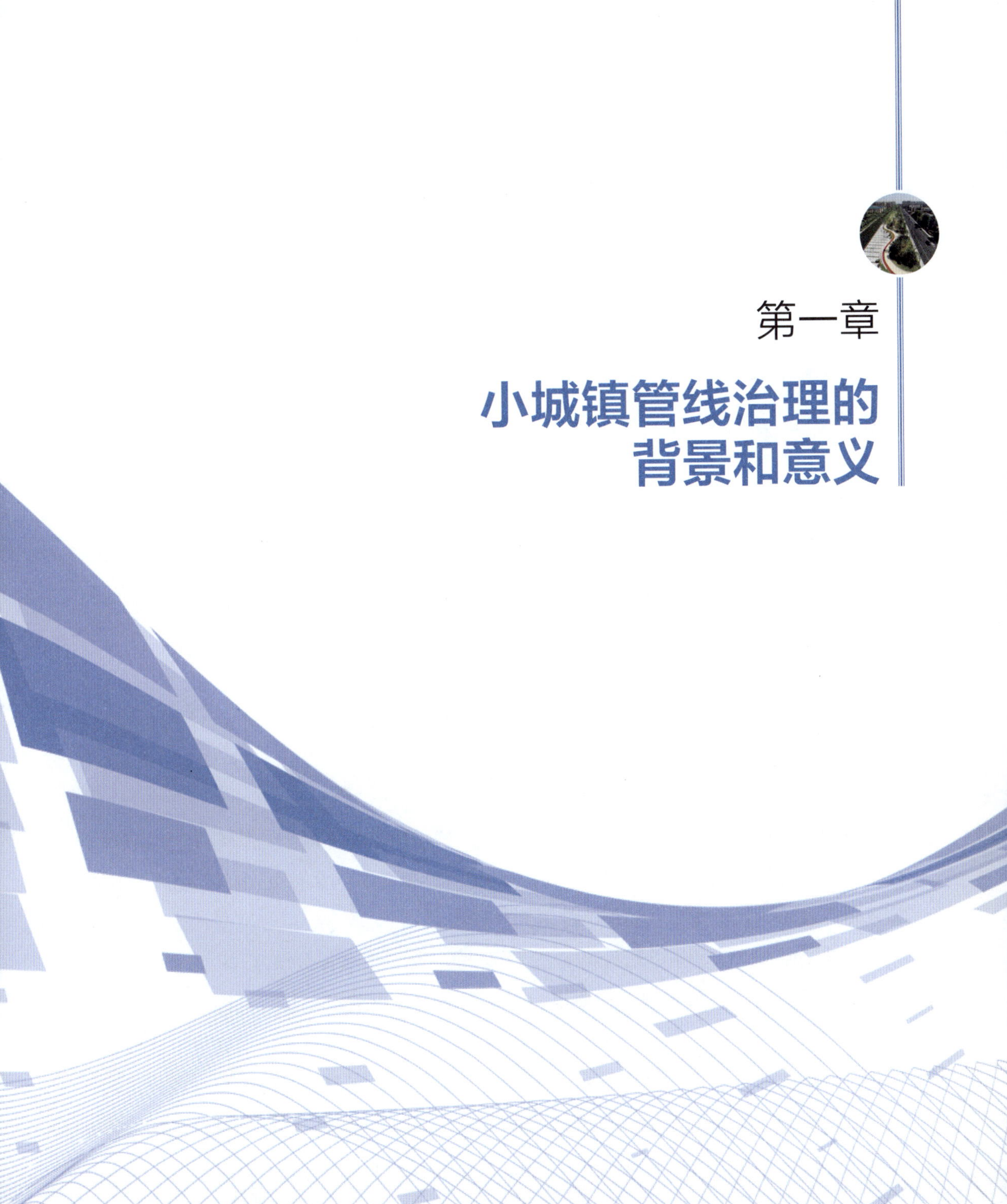

在中国乃至世界的通信网络发展历史上，管线的建设发展都扮演着重要的角色，管线是通信网络连接各家各户的最后一公里，管线的累计投资占整个网络投资的80%以上，管线的技术演进、建设方式变化和接入方式发展都直接决定了一个小城镇中各家各户的感知，可以说管线是通信网络发展过程中的重要缩影，管线在为社会发展做出巨大贡献的同时，其各个建设历程中也形成了许多“线乱拉”的问题，因此管线专项治理在美丽城镇新时代背景下具有重要意义。

第一节　管线建设的历程阶段

我们这里所说的“管线”泛指通信行业（主要是指中国电信、中国移动、中国联通、广电企业）构建通信基础网络而需要搭建的电缆、光缆线路以及城市、乡镇道路（主干道、次干道、支路、人行道等）的通信管道和杆路。

构建基础网络的基本单元为电缆、光缆，主要有以下4种敷设方式：直埋、管道、架空和墙壁。直埋是按照规范的要求，挖完电缆沟后再敷设电缆、光缆，然后回填的一种敷设方式，主要在城市与邻近城市中继层以及城郊接合部无法用其他方式敷设时使用；管道方式主要用于城市的主干道、次干道等；架空方式其用途相对比较广泛，城区非主干道、县城公路、乡镇道路都可使用，由于其建设周期短、维护成本低，是目前通信运营商光电缆最主要的承载方式；墙壁方式主要用于住宅小区内用户墙壁侧，以起到连通万家的作用。

以通信运营商发展时间为依据来计段的话，管线的发展大致经历了以下几个阶段。

第一阶段：1996 年以前，中国通信基础网络的主体是中国电信一家。那时中国电信的发展基本属于初级发展阶段，包括运营固定电话、家庭宽带以及模拟移动电话，俗称“大哥大”。运行其网络的最基本载体，大城市的主要道路以通信管道为主，次道路辅以架空明线杆路，郊区以架空杆路为主，住宅区配以墙壁电缆，而埋式则采用得相对少，可能仅局限于城市除外的中继层光缆，通信工具也只有固定电话及少量的模拟移动电话。在小城镇中的弱电线缆较少，主要是强电线路，那时的小城镇管线还非常清爽，“线乱拉”的现象极少。

第二阶段，1996—1998 年，此段时期内中国电信用户数量快速增长，固定电话的装机数量也急剧增加，随之而来的是城市道路管道内的光缆、电缆，架空线路上的电缆的增多。而当时中国电信的网络规划思路也相对较高，城区主干道管道基本以 12 孔砼管孔为主，次干道基本以 6 孔砼管孔为主，重要节点的出局管道则以 24 孔、36 孔、48 孔居多。架空明线当时处于基本发展阶段，架空杆路的负重还属于正常负荷状态，这就导致住宅小区区域内的墙壁电缆逐渐增多。

第三阶段：1998—2008 年，1998 年是中国电信响应国家政策进行固定电话与移动电话分开运营的时间节点。中国电信从事固定电话以及宽带业务，而移动电话这部分业务则划归当时新成立的中国移动来经营。当时中国移动还是一个全新的企业，其基本网络的构建需要从零开始，其网络所依赖的管道资源则以先租后建的模式进行分批建设。可能由于缺乏整体规划而存在盲目建设问题，架空线路上光缆明显增多，架空敷设方式多样，有架设于电信杆的，有架设于电力杆的，还有架设于广电杆的，从而给城市道路带来了新的压力以及诸多不利因素，在这段时期内，城市道路新建移动管道的压力可想而知。

第四阶段：2009—2015 年，此段时期对于中国电信、中国移动来说都是高速发展阶段，因为两运营商原各自单一的业务互为发展，也因为各自的大投资、大发展给城市、县城、乡镇、行政村的面貌带来了很大的冲击，地下管道资源匮乏、街面环境差、住宅小区墙壁上电缆光缆众多、用户皮线纵横交错的现象比比皆是，真可谓到了“线乱拉”

的程度。

第五阶段：2016—2019 年，“线乱拉”整治年。由于前面两个阶段通信的高速发展以及管道资源的限制，地上的线缆数量呈爆发式增长并且趋于饱和。弱电不像强电施工验收那样要求严格，不规范布放线缆的现象比比皆是，由于线缆太多形成了“空中蜘蛛网”，已经严重影响了镇容镇貌。因此，以浙江省为先，积极响应国家小城镇建设行动计划，“线乱拉”专项整治刻不容缓。

第二节　小城镇管线的乱象困扰

管线工程的种类很多，不同管线的性能和用途各不相同，承担管线工程设计的单位及其施工时间也各不相同。不对各种管线工程进行综合安排，势必导致各种管线在平面、空间上的互相冲突和干扰，包括厂外和厂内管线、管线和居住建筑、规划管线和现状管线、管线和人防工程、管线与道路、管线与绿化、局部与整体等。这些矛盾如不在规划设计阶段加以解决，就会影响到工业建设的速度和人民生活的质量，还会浪费国家资金。因此，管线工程综合是镇区建设规划的一个重要组成部分。

通过对小城镇管线的调查发现，小城镇管线的乱象主要有以下几种。

（1）传输线缆架设不规范。由于通信杆路涉及的运营商较多，各家单位各自建设、盲目扩张，缺乏有效监督。在通信发展的后期往往会存在重复杆、多余杆，有些杆路东倒西歪，还存在一些废弃吊线和其他杂物、废弃电杆等，架空盘留的线缆也没有采用支架 Z 盘放整齐，光缆接头盒松松垮垮。种种不规范的施工造成在传输线缆的环节就出现了较为严重的“线乱拉”，严重影响了城镇的整洁美观。

（2）入户线缆架设不规范。主要表现在入户飞线较多，特别是在背街小巷等较为隐蔽的区域飞线情况尤为严重。在用户更换运营商之后，之前上家单位的线缆往往不会被拆除，形成废线，从而出现一户人家多根线缆的情况。并且用户自己私自拉线的现象较为普遍，不仅不规范，若是强电线缆的话还会造成安全隐患，因此，入户线也是管线治理最重要的环节之一。

（3）箱盒安装不规范。绝大多数小城镇中的箱盒安装位置都很随意，有的甚至妨碍了交通，不够安全隐蔽，只有极少数是符合城市规划。随着设施更新换代，一些老旧早已淘汰不用的箱盒没有被拆除，严重影响镇容观瞻。箱盒内的线缆也有布放不规范的现象。因此管线中的箱盒也是治理的重点对象。

管线工程综合，就是搜集镇区规划范围内各项管线工程的规划设计资料（包括现状资料），加以分析研究，进行统筹安排，发现并解决它们之间以及它们与其他各项工程之间的矛盾，使它们在用地上占有合理的位置，以指导单项工程下一阶段的设计，并为管线工程的施工以及今后的管理工作创造有利的条件。

所谓统筹安排，就是将各项管线工程按统一的坐标及标高汇总在总体规划平面图上，进行综合分析，发现矛盾并去解决。如单项工程原来布置的走向不合理或与其他管线发生冲突，就可建议该项管线改变走向或标高，或做局部调整。如单项工程不存在上述问题，则根据原有的布置确定它们的位置。

同时，因为各通信单位产权归属和业务竞争，需要在同一道路上架设多条通信管道，造成了浪费地下空间资源、重复破路增加建设成本等问题。由于管线资源引起的违规建设问题日益突出，各地随意占领地下空间、抢建通信管道现象普遍，擅自占用对方管线资源，私自拆除线杆、剪断光缆、损坏管道而导致的通信中断时有发生，严重威胁了网络的安全和畅通，不仅扰乱了电信市场的竞争秩序，而且产生了不良的社会影响。通信专业的多样化和复杂化会造成实施阶段多家通信单位同时建造各自权属的通信管道，不仅增加了建设成本还会经常出现马路拉线的问题，给百姓的生活和出行造成不便。城市基础设施是指保证城市各种功能正常运行和发展的基础性设施，它们是城市赖以生存和发展的一般条件。城市基础设施的建设和经营必须以满足城市发展当前和未来的需要为目的，因而统属于城市规划和市政管理的范畴。

为了有效利用地下空间资源节约建设成本，避免重复投资、重复破路，需要对新建、改建和扩建的市政道路工程中的通信管道工程进行统一规划、统一建设、统一管理。

近年来，正是由于社会经历了通信发展的几个阶段，导致了目前部分城市、县城、乡镇，乃至行政村的“线乱拉”的状况日益恶化，与习近平总书记提出的“建设好生态宜居的美丽乡村”大相径庭。

随着社会的进步、经济的发展，城市的通信网络建设有了高起点、高标准、高要求，也因其前瞻性高、规划到位、建设容量充足，其覆盖用户能力足以保证每个人对网络的需求。而其他人口规模相对较小的县城、小城镇对通信网络需求的规模也越来越大，正是因为缺乏严格规划、正确评估、规范设计、规范施工和必要的监管，即线能拉通就行的错误思维，在很大范围之内普遍存在违规架设、胡乱附挂、私拉乱接线缆的情况，从而造成了严重的“空中蜘蛛网”现象，给城市面貌焕然一新带来很大的压力。“线乱拉”已经成为当前影响乡容镇貌和小城镇秩序的主要原因，是小城镇“集镇病”的重要表象和突出问题，也是实现美丽乡镇建设的重点和难点工作之一。

第三节　新时代小城镇的治理需要

管线发展到目前，已经衍生出以下时代发展的需求：精确化管理需要和未来通信发展需要。

一、管线管理的精确化需要

通信管道是运营商铺设通信线路的必备条件，运营商都希望及时得到价格合适的通信管道，努力开拓市场，获得发展的机会。因此建立使用快捷、价格公道、全网控制的管道资源平台，越来越得到政府和运营商的重视。通信企业的发展依赖于基础设施的建设，通信管道作为光缆承载的基础，其发挥的作用也更加重要和关键。通信管道是城市配套建设的基础设施，是为了让管道的使用者能够方便、灵活地使用管道，促进信息化建设。通信管道的建设和管理，从某种意义上来说，决定了信息化的发展速度。

由于通信的种类较多，如数字电视、家庭宽带等，以及移动、电信、联通、广电等电信、电视运营商，网络交叉重叠现象普遍，在建设通信管道时需要进行统一规划、整体建设。通信网络覆盖面广泛，客观上要求通信管道具有全网全城的特性，这也增加了管道建设的复杂性和不确定性。综合通信管道具有铺设容量大、占用地下面积小、有利于安排其他市政管线的特点，因此便于施工和维护，电缆在管道中可以随时抽换，便于检测和维修，能够缩短铺设时间。同时由于通信管道在地面以下，可以减少由于外力导致的运营损失和经济损失，保证了通信的安全性和连续性。

我国的通信运营商均为国有企业，节约成本是每个企业的愿望，统一建设所需花费的资金和时间都比分散建设要少得多，再加上管道建设完成之后维护和管理费用会大幅下降，因此管道统一建设成为运营商的优先选择。

从精确化管理的角度出发，把握通信管道的建设及其规模是运营商满足用户通信需求、保持企业健康和可持续发展的重要手段。

二、适应未来通信发展需要

随着经济的快速发展，信息化产业方兴未艾。现代城市规划要求逐步增多，城市通信管道建设的地位和重要性日益突出，多家经营、各自为政的传统模式已经越来越不能满足时代的需要，弊端也越来越突出，阻碍了城市的发展和人们生活水平的提高。

由于通信运营商较多，在建设通信管道时往往面临着这样的情况，一家运营商开挖铺设完成后不久，另一家又接着开挖，造成重复建设的局面，这不仅浪费了企业的资源，而且给市民的生活带来很大的影响。例如，开挖道路所造成的粉尘污染了环境，让人苦不堪言，给人们的生活带来了极大的不便；同时也影响了城市的交通，影响了城市给人的观感，甚至出现了一个城市一年四季都在挖管道的现象。各运营商内部的竞争也导致了以下问题：随意强占地下空间资源、随意占用他方的管线资源，从而容易出现通信中断的问题，不仅扰乱了正常的市场竞争秩序，而且产生了恶劣的社会影响，严重影响了电信网络的安全和畅通。由于历史原因和政策因素，城市通信管道建设存在两种管理模式，一种是由各电信运营商自建自用的管理模式；另一种是由政府成立的专职运营公司进行统一建设、统一管理的模式，它们分别带来了不同的问题。

对于运营商自建自用的通信管道，由于通信管道属于价格昂贵的国家财产，在被迫进行线路改迁时，普遍存在补偿费用不足问题，不仅包括重新铺设通信管道所产生的经济损失，还包括因为线路被中断造成的经营性损失。在现实社会中因为线缆被施工方挖断而造成通信中断，进而造成用户经济损失的现象屡见报端，不仅造成了不必要的经济损失，而且影响极恶劣，给一个地区的生产、生活和商业环境造成了较恶劣的影响。在线缆改迁的过程中，电信运营商要承担额外的环境卫生、城市绿化等费用，不仅使得其自身的经营损失没有得到足够的补偿，反而进一步增加了额外的费用。同时，原有的通信道路建设需要各个部门的行政审批手续，如要经过城市建设规划、道路等部门的审批，从而进一步阻碍了通信运营商对于通信管道的发展。电信运营商自己则存在着重复建设的问题，在保障需求的情况下，电信运营商要努力实现集约化建设，降低自身的建设成本，这样不仅符合节能的要求，也符合自身的发展需要，能够降低运营成本，有利于公平竞争。

对于实行统一建设、统一管理的模式则可能出现下列问题。通信管道对于电信运营商来说，是其重要的基础性设施，在政府统一建设的情况下，运营商只能通过购买或者租用的方式使用。政府作为唯一的城市管道管理机构，存在垄断经营的可能性，对运营商的运营造成潜在的成本压力。若电信运营商购买管道的使用权，则面临着产权不完整的问题，对后续的维护、改造都会产生严重的影响。

通信管道的建设应结合城市道路、土地规划，还要兼顾到主干道和次干道，详细包括骨干、主干、一般等层次的管道，主干和一般管道的层次划分侧重于管道容量、业务密度等相关因素，接入管道主要分布在小区范围内和高档写字楼周边。以管道的需求为基础，加上各层次管道的预备发展量，可以得到各层次管道的基本容量。

目前，我国有 4 家通信运营商，再加上广播电视等行业，因此，要做好建设前的规划工作，就要坚持统一规划、统一建设、统一管理的原则。在现代城市用地紧张的情况下，在保证通信管道和其他管线及建筑物满足规定的前提下，要大力推广管道集约化建设，杜绝新管道多路由的现象。将各种通信管理统一规划到通信管道建设体系中，并且纳入到城市的整体规划中，科学的规划既能够整合、利用现有资源，又可以为未来的发展留下空间，协调了城市建设和行业的需求。这样不仅减少了重复建设、重复投资的问题，充分利用了有限的地下空间资源，也缩短了建设周期、节约了运营商的资金，方便了人民的生活，改善了城市的市容环境，提高了城市的文明程度。

在当前社会中，通信的传输逐渐分为有线传输和无线传输两种方式。由于无线传输过程容易受到种种因素的制约和影响，使得无线传输在发展过程中受到极大的限制，在公众通信中，有线传输会成为未来通信传输的主角。展望未来，作为传输介质的铜线会逐步被光纤取代，传统的通信管道建设方式需要随着通信技术的发展而转变。几年前，管道建设还是沿袭几十年来的经验，管道主要满足铜缆穿放需要，光缆穿放需求只作为附加考虑，但从目前形势看来，光缆穿放需求越来越大。大胆预测，在5～10年后，光缆对管孔的需求会超过铜缆对管孔的需求。随着各种先进科学技术的不断发展，通信管线也在不断地寻求发展方向和发展目标，这就需要通信管道的建设也要与其相适应。

第二章

小城镇管线治理的组织和保障

小城镇“线乱拉”治理内容丰富、涉及面广，是一项复杂的系统工程，因此必须从政策、组织、资金、基础设施、技术、人才等多方面加强供给和保障，才能实现小城镇环境综合整治建设快速有序推进。可以说，高效充分的组织和保障是小城镇管线治理的基础。

第一节　组织保障机制建设

小城镇环境综合整治建设点多面广、政策性强，必须坚持统一规划，强化组织领导，持续强力推进。

省级层面统筹谋划小城镇环境综合整治建设，根据国家政策要求在本省内统一小城镇环境综合整治建设标准，形成全省统一工作方案，明确建设目标和要求，并全程负责项目审批、跟踪指导监督以及项目检查验收。

市级层面主要负责依据本市实际情况，分类制订细化工作方案，按照省级工作方案要求落实分阶段实施步骤，并负责项目立项、资金筹措、组织统筹、项目协调等。

县级层面主要负责本县小城镇环境综合整治建设的规划编制、资金落实和工程实施推进，对各乡镇美丽村庄建设实行分类指导和现场督导，引导和组织镇村力量积极投入小城镇环境综合整治建设。

省、市、县三级均应成立相应领导机构，明确责任领导，定期调度协调，从而形成自上而下齐抓共管、协同配合建设小城镇环境综合整治的合力。

第二节　资金保障政策分析

小城镇环境综合整治建设具有显著的公共性和普惠性，要加快构建多元化、多渠道、高效率的投入体系。各地可根据本地区经济社会发展实际情况，探索建立“财政投入＋部门扶持＋村集体自筹＋社会投资”的多元投入机制（可根据情况自由组合），加大财政投入力度，充分发挥财政资金的引导作用，带动社会资金投入。在小城镇管线治理工程中可采取 EPC 和 PPP 模式。

EPC 模式即总承包，就是将项目的设计、施工、维护等总体委托给一家单位实施，从而可以实现最优的资源配置，提高工作效率，它不仅风险低，而且可以给镇政府等业务节省很多工作量，所以在小城镇管线治理过程中是一种普遍采用的模式。该模式在金华的义乌、浦江等县市都有实施案例，并取得了良好效果。

PPP 模式即 Public-Private Partnership，是指政府与私人组织之间，为了提供某种公共物品和服务，以特许权协议为基础，彼此之间形成一种伙伴式的合作关系，并通过签署合同来明确双方的权利和义务，以确保合作的顺利完成，最终使合作各方达到比预期单独行动更为有利的结果。在乡镇政府资金比较紧张或者缺乏资金支持的时候，可以采用此模式，引入更多社会资本到管线治理行动中，在实现了小城镇管线有效治理的同时，又可让社会企业在与乡镇达成的运营维护协议中获得应有的利益，实现共赢。

第三节　服务指导标尺探讨

所谓的服务指导主要是对那些不太清楚相关治理要求、不知道如何治理的乡镇进行技术服务指导，以便能够尽快推进“线乱拉”治理工作。服务指导以编制总技术导则为引领，并实行分类指导，由相关部门加强对小城镇环境综合整治行动的服务管理和技术指导，建立技术帮扶机制，组织专家团队和专业技术人员开展送技术下乡活动，进行跟踪服务。对乡镇（街道）负责同志、基层工作人员进行教育培训，提高治理水平。

首先是成立小城镇环境综合整治技术指导服务管理中心，其主要职能是为全市小城镇环境综合整治提供技术指导服务，对小城镇环境综合整治中的重大技术问题进行研究，为各级领导提供决策参谋，会同驻镇规划师对小城镇环境综合整治中的典型问题提出技术建议，对各地驻镇技术指导服务工作进行指导监督。

其次是推行驻镇规划师制度。驻镇规划师是按照统一标准征选并聘请的乡镇规划（设计）专业负责人，是小城镇环境综合整治的决策“建议人”、项目“把关员”和实施“协调员”，对不合格项目可“一票否决”，在参与规划方案的审查、施工图的优化以及项目现场跟踪等工作的同时，针对部分规划跟实际不符的项目提出相关整改意见。为实现统筹规划与精致建设同步，建立区级驻镇工程师队伍，可将队伍分为 3 个小组，分别为：规划师服务组、设计师审图组、质安员监督组。3 个小组通过开展巡回指导和督查，帮助解决各镇在整治过程中技术力量、管理力量不足的问题，帮助各镇从严把好规划引领关、项目设计关和施工质量关。

再次是建立完善的工作跟踪服务制度，具体如下。

1. 建立设计师和监理方实时跟踪管理制度

在项目实施过程中，会出现很多在规划设计时没有考虑到的问题，小城镇环境综合整治首先要突出规划领先，把想法变成效果，把概念变成现实，各镇规划设计师要及时跟踪整治进程，及时进行指导，并确保整治规划不脱节、不走样。原则上，规划设计师每周到各镇指导和检查不少于一次。监理方要重抓安全关、质量关、投资控制关，实行全过程实时监控。

2. 建立规划师下乡巡检制度

以城区规划分局为主，选派建立一支规划师服务组。要求每个规划师熟悉各自所负责镇的整治规划方案以及评审情况，开展每月不少于两次的下乡巡查。巡查的目的主要是检查落实项目执行整治规划的严肃性，对现场发现的突出问题及时提出规划完善意见并采取补救措施，及时通知所在镇及当地规划管理部门。

3. 建立设计师团队集中审查图纸制度

为提高小城镇环境综合整治工程项目初步设计图、施工设计图的质量，减少施工过程中图纸变更和协调的工作量，建立设计师团队集中审查图纸制度，集中审查所有镇的工程项目。

4. 建立质量安全监督员定期暗访检查制度

为加强小城镇环境综合整治工程项目的质量管理，从严助力工程质量安全关，建立小城镇工程质量安全监督小组，开展每月不少于两次的质量安全巡查。对项目现场管理人员和监理人员不足、现场存在严重质量安全隐患问题的情况，要及时予以通报，计入不良行为，做清除市场等处理。对发现镇、村干部干预工程建设施工的情况，要及时报送当地纪检监察部门，确保小城镇整治工程质量创优达标，形成良好的工程建设氛围。

最后是坚持小城镇基层工作人员的科学教育培训，提高治理水平，最大限度地发挥培训效果。可以通过聘请知名专家、小城镇规划师到本地担任培训讲师，也可以通过联合高端培训机构探索基层人员教育新型培训模式。

一是在线式网络学习。随着信息化的飞速发展，网络直播平台迅速崛起，基层人员的教育培训不仅局限于常规班次，也可以借助网络平台进行在线培训。网络在线培训具有传播速度快、内容更新及时、培训成本低廉、方便高效等特点。目前许多培训机构以网络为媒介，借助课件播放平台开展对基层干部的教育培训，这种培训方式使得培训内容更加丰富、操作更加简单，使得学员的学习时间更加自由、学习效率更高。

二是“点餐式”自主选学。基层人员的知识结构层次不同，想要满足不同层次学员的不同需求，开展“点餐式”选学是一个有效的方法。例如，每周两个小时，让基层人员自选需要补习的内容，然后邀请知名专家、小城镇规划设计师进行专题教学，让基层人员学习业务知识。同时，可将优秀的讲课现场录制成视频，上传到网络培训平台，供学员自主选学。这种“点餐式”学习既有针对性，又方便高效。

三是驻派式实践参与。基层人员培训的最终目的是让学员学以致用，更好地为智慧小城镇的建设服务。参与实践，是使理论与实践相结合、巩固培训效果的有效途径。驻派式参与需要结合学员自身特点，将学员驻派到重点工程、小城镇建设等工作现场，让他们在实际工作中用所学知识解决实际问题，检验学习成果，从而提高自己的综合能力。

第三章

面向未来的管线治理规划

第一节　专项规划定位及作用

“线乱拉”治理专项行动作为整个小城镇环境综合整治工作的重要内容，涉及面广、专业性强，整治应高标准、严要求推进，专业事情专业部门办，亟须进行专项规划。专项规划方案是各地推进“线乱拉”治理的重要抓手，是杜绝“线乱拉”现象返潮的重要手段。

专项规划以乡镇总体规划和小城镇环境综合整治规划为依据，围绕全省小城镇环境综合整治的迫切需要，按照全省推进小城镇环境综合整治行动的总体部署以及相关技术导则，对列入整治范围的整治对象制定弱电“线乱拉”治理专项规划：规范全省小城镇户外线缆架设，着力解决乱接乱牵、乱拉乱挂的“空中蜘蛛网”现象；统筹推进通信、广电等架空线缆共杆共建；规范有序地实施架空线缆入地改造，推进“上改下”工程建设；综合考虑通信网络的技术演进和业务发展需求，结合小城镇环境综合整治，做好通信基础设施空间布局规划。

第二节　专项规划编制原则

编制规划，应统筹考虑规划区域经济社会发展的现状和要求、国际国内信息技术的现状及演进方向、区域资源环境条件等因素，并遵循下列原则。

（1）符合与上位规划、相关规划衔接的原则。规划方案应包含信息通信基础设施空间布局控制性规划和“线乱拉”治理规划两大内容；基础设施空间布局控制性规划应与小城镇总体规划和控制性详细规划相衔接；线乱拉治理规划应与小城镇环境综合整治规划相衔接。

（2）符合产业政策、可持续发展原则。规划应符合绿色、环保、可持续发展的社会要求，符合国家和地方政府的相关产业发展政策要求。

（3）符合保障公共利益、改善人居环境的原则。规划应依据治理行动相关文件中的要求，通过架空线路梳理、杆路合并拆除和线路“上改下”改造等手段，实现弱电线缆规范有序、整洁美观，全面改善和提升小城镇生产生活生态环境质量。

（4）集约建设、资源共享的原则。规划应符合《关于2017年推进电信基础设施共建共享的实施意见》（工信部联通〔2017〕92号）的要求，进一步促进信息通信基础设施共建共享，从而节约资源、节省投资、保护环境并促进通信业和谐发展。

（5）符合普遍服务、均衡发展的原则。规划应综合考虑业务发展需要与电信普遍服务要求，综合考虑局所节点、基站等基础设施空间布局规划，以促进乡镇地区信息通信事业的发展。

（6）符合注重实际、适度超前的原则。通信技术发展应与社会发展、信息业务发展需要相协调，信息基础设施规划要保持总体和局部、重点和一般、点线面、近中远的高度统一和协调。通信局站、管线等永久性设施应充分考虑远期的发展，其空间布局要一步规划到位。

第三节　专项规划范围与期限

小城镇“线乱拉”治理专项规划应包含信息通信基础设施空间布局控制性规划和“线乱拉”治理规划两大块内容，以便有效衔接小城镇发展总体规划和环境综合整治规划，为小城镇信息通信基础设施建设的空间位置提供规划依据和规划保障，助推城乡的“宽带中国”和“互联网＋特色小镇”建设。

信息通信基础设施空间布局规划部分与小城镇总体规划和控制性详细规划相衔接；“线乱拉”治理规划方案部分与小城镇环境综合整治规划相衔接。

规划范围：原则上主要以小城镇的主建成区为主，一般覆盖范围为3平方公里左右。

规划期限：局所、基站、光交等信息基础设施规划与小城镇总体规划期限一致，弱电“线乱拉”治理专项规划与小城镇环境综合整治规划的年限一致。规划应侧重采取“近细远粗”的方法，重点对近中期的通信基础设施空间布局和弱电“线乱拉”治理方案进行具体安排；远期做合理展望和预留，以后再根据实际需要进行更新和修订。

第四节　专项规划调研内容

小城镇环境综合整治弱电“线乱拉”治理专项规划的编制程序一般分为现状调研，基础资料收集，分析研究，形成初步方案，征求有关部门、专家和公众意见，评审并修改完善，形成规划成果等若干个工作阶段。

专项规划调研和基础资料收集主要包括以下几个方面的内容。

（1）首先作为人类的生存环境，自然地理条件通过影响人口分布而影响乡镇的形成和发展，进而影响到通信需求的规模、通信基础设施的布局和建设，因此，编制《小城镇环境综合整治弱电“线乱拉”治理专项规划》，应注意收集并简要描述规划区域的自然地理条件，具体内容如下所述。

地理条件：包括地理区位、规划区域面积、行政区划、地理地貌等；

自然条件：包括地质、地貌、气候、水文、自然灾害、生态环境、自然资源等。

（2）经济发展情况。收集并简要描述规划区域的经济发展现状和未来规划，包括经济发展特点、产业空间布局和构成、国内生产总值（GDP）及增长率等。

（3）社会发展情况。收集并简要描述规划区的人口发展现状及目标、人口空间分布、小城镇化现状及目标、居民收入及可支配收入现状及目标，以及其他有关社会发展情况。

（4）通信基础设施现状。针对乡镇现有信息通信基础设施，局站、铁塔、智能化信息点等各个方面的资源分别进行描述。

（5）整治范围内“线乱拉”现状。各弱电管线权属单位对各自的杆路、管线、光交等箱体排查安全隐患及“线乱拉”情况；梳理汇总规划区域信息通信基础设施存在的主要问题，以图表、照片、文字等形式详细展现整治范围内的“线乱拉”现状。

第五节　专项规划分类编制

以乡镇总体规划为依据，实现缆线规范有序、布局整洁美观；厚实基础网络资源，助力智慧小城镇。各类小城镇“线乱拉”治理专项规划分类编制策略如下。

一、中心镇的专项规划编制策略

中心镇由于行政级别较高，在小城镇中规模最大，因此规划的时候一般按照最高要求进行设定，具体治理规划目标是：建成区内主干道缆线能下地的尽量全部下地；次干道缆线以上改下为主，以缆线序化或者并杆为辅。必须要说明的是这里说的“上改下”，不单指的是入地或者线入管，缆线沿广告牌后走线或者其他可遮挡线缆走向的都算是“上改下”，因此中心镇“线乱拉”治理规划策略如表 3-1 所示。

表 3-1　中心镇“线乱拉”治理规划策略

镇区分类	改造内容	改造场景				
		主要入口	主要街道	步行街区	街头广场	公共建筑
中心镇	缆线	有条件可建地下综合管廊或管沟	有条件可建地下综合管廊或管沟	有条件可建地下综合管廊或管沟	上改下	上改下
	入户线	改造	改造	改造	改造	改造
	箱体	新设箱体统一规划	新设箱体统一规划	新设箱体统一规划	新设箱体统一规划	新设箱体统一规划

以浙江省小城镇环境综合整治中的“线乱拉”治理为例，其中心镇的治理要求是：建成区内主干道线缆全部上改下（电力线缆可考虑部分上改下），次干道线缆 60% 以上上改下。

二、一般镇的规划编制策略

一般镇的行政级别相对中心镇较低，因此在进行管线治理的时候要求也会相对低一些，具体治理规划目标是：主干道缆线一般要求一半以上上改下、次干道则以缆线梳理为主，一般镇“线乱拉”治理规划策略如表 3-2 所示。

表 3-2　一般镇“线乱拉”治理规划策略

镇区分类	改造内容	改造场景				
		主要入口	主要街道	步行街区	街头广场	公共建筑
一般镇	缆线	管道或共杆	管道或共杆	管道或共杆	入地	入地
	入户线	改造	改造 + 整治	改造 + 整治	整治	整治
	箱体	统一美化，门锁齐全	统一美化，门锁齐全	统一美化，门锁齐全	统一美化，门锁齐全	统一美化，门锁齐全

第六节　专项规划具体方案

一、上改下治理规划方案

有条件的中心镇的主要街道：通过新建地下综合管廊，将市政、电力、通信、燃气、给排水等各种管线集于一体，实现该区域内所有管线均可入地。

对中心镇、一般镇的主次干道、主要入口、步行街区采用同沟不同井的方式进行综合管道建设，在实现各弱电线缆入地的同时，满足运营商各自建设维护的要求。对重点整治范围的主次干道均采用管道建设的治理方式。

管道治理，线缆上改下规划方案如图 3-1 所示。

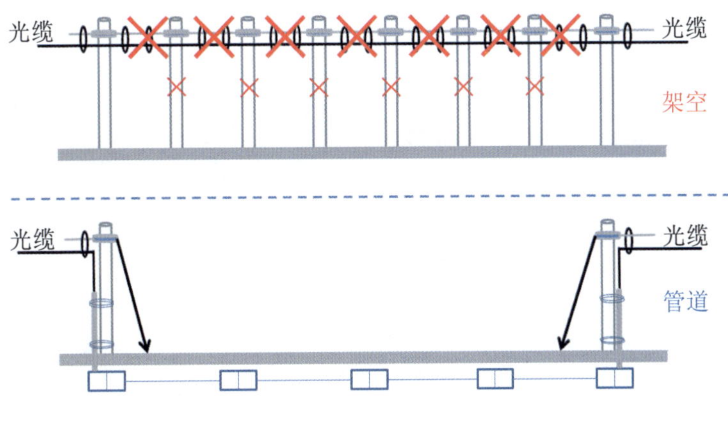

图 3-1　管道治理规划方案

（1）在道路一侧共建一路通信管道，合并多家线路路由，化繁为一，建设一条整齐简洁的良好线路通道，过路处也采用管道敷设过去，在相应业务点处进行引上；

（2）施工割接掉所有杆路上的线路至通信管道内；

（3）拆除架空线路，拔除不用的杆路及吊线，从而创造整洁而又舒适的优美环境。

二、杆路治理规划方案

杆路治理，采用较多的是线缆归并，规划方案示意如图 3-2 所示。

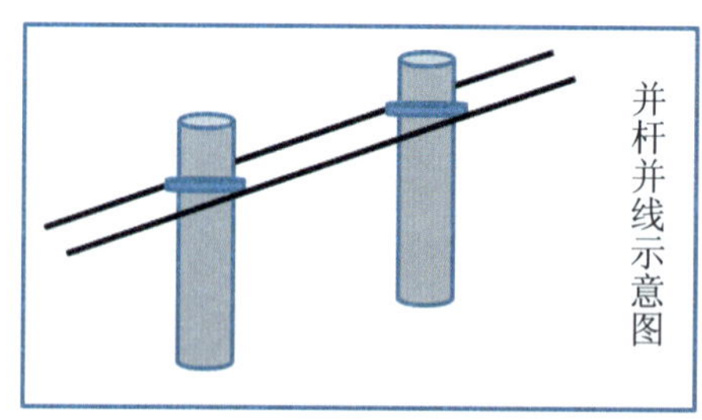

图 3-2　杆路治理规划方案

（1）在道路一侧共建一条杆路，增设吊线，合并多家线路路由，化繁为一，建设一条整齐简洁的良好线路通道；

（2）将各个运营商原有杆路上的线路迁移至新建杆路上；

（3）拆除多余的架空线路，从而创造整洁而又舒适的优美环境。

三、户线治理规划方案

重点区域需进行入户管道建设，确保入户整洁美观，其他区域可酌情进行入户管道建设。

（1）架空入户飞线：重点区域无架空入户飞线，其他区域尽可能减少或者缩短入户飞线，排列整齐、固定牢固，确保美观大方。

（2）外墙入户线：外墙上入户线，应尽可能远离街道、路边，有条件区域单元楼可加装塑料管或线槽。

（3）废弃户线整治：拆除现有各种废弃入户飞线。

第四章

小城镇管线治理专项设计

第一节　专项设计定位及作用

“线乱拉”治理专项设计定位于专项规划和施工中间，是规划和施工的一种衔接和承上启下，专项设计不仅是对专项规划的一种具体实现，也是对施工的具体实施作明确指导。

“线乱拉”治理专项设计的作用体现在以下 3 个方面。

（1）专项设计对整个工程建设项目的功能定位、规模标准、质量、工期和投资具有决定性作用。

（2）专项设计是对整个工程实施的一个预先摸底，在整体投资、人工成本、机械使用、材料采购等多个方面起到指导作用。

（3）专项设计所采用的新材料、新技术、新设备、新工艺，提高了工程的科技含量，对整个工程的建设进度及节省投资起到重要作用。

第二节　专项设计编制原则

专项设计编制需充分贯彻“线乱拉”治理工作指导意见，结合各乡镇的专项规划，兼顾广度和深度，明确各乡镇、各整治区域的整治目标，满足《小城镇环境综合整治技术导则》的要求，在此基础上，还需坚持如下设计原则。

1）整合性原则

专项设计充分考虑多方使用者，统筹规划、联合建设、资源共享，满足建设资源节约型、环境友好型社会的要求，实现物联资源共建共享。

2）先进性原则

专项设计符合国家现行有关标准的规定，做到技术先进、经济合理、节能环保，保证通信光（电）线路工程建设中的材料、施工和竣工验收指标达到相关要求。

3）经济性原则

专项设计与通信发展规划相结合，合理利用已有网络设施和装备器材。建设方案、技术方案、设备选型以网络发展规划为依据，充分考虑中远期发展和需求；设计中进行多方案比较，努力提高经济效益、降低工程造价。

4）持续性原则

专项设计贯彻国家基本建设方针政策，合理利用资源，减少土地、能源和原材料的消耗，重视历史文物、自然环境和景观的保护。

5）实用性原则

专项设计应该适用于新建、改建和扩建陆地通信传输系统，符合“线乱拉”治理实施过程中不同场景的建设需求。

第三节　专项设计的范围

专项设计范围主要包括两大部分。

（1）乡镇建成区内的传输线缆和入户线缆（线缆包括广电、通信和电力线缆）。设计重点是建成区内的主要入口、主要街道、步行街区、街头广场、公共建筑等重要街区、重要地段和重要节点，包括所辖街道沿线、住宅、企事业单位等的传输线缆和入户线缆。

（2）各乡镇（街道）之间、乡镇（街道）至所辖行政村之间的传输线缆。治理以传输线缆为单位展开；部分有条件的地方可结合美丽街道建设工作，对村域内部进行综合治理。

第四节 专项设计现场调研

政府需求方面。首先与当地政府沟通，明确设计的小城镇的类型是属于省级中心镇还是一般小城镇；其次明确小城镇“线乱拉”的改造清单以及清单中道路的性质，如是主干道路还是次干道路；最后明确清单中每个项目的改造范围，如道路改造的起止位置、小区改造的一个区域等。

运营商需求方面。弱电“线乱拉”整治涉及的运营单位比较多，包括广电、电信、移动、联通、铁通、长宽等国企或民企通信运营单位。在专项设计调研时应充分了解各家通信运营单位的需求、新建资源与原有资源在重要节点的沟通，重要节点包括管道、杆路、机房、基站等。

设计现场的调查内容主要包括以下几个方面。

1）管道现状

现场调查时需排摸清楚道路上现有管道资源的现状，包括现有哪家通信运营商的管道，及其对应的管道容量和管道的剩余容量、非通信管道（包括电力、燃气、自来水、雨水、污水等）的现有情况。同时还需排摸清楚现有管道相对于道路的位置，以便合理选择下地改造方式、新建管道的管位以及各衔接点处理方式。

2）杆路现状

现场调查时需对现有通信杆路的排数和通信杆路相对于道路的位置进行勘察记录，以便明确后期落地管道建设方位、容量等信息。

3）光缆现状

现场调查时需排摸清楚现有架空线缆的根数，以便设计足够的管孔数或吊线的根数以满足此次线缆的割接或平移。

4）资源点现状

通信运营商的资源点包括机房、基站、光交、监控、应急广播等，若与之连接的原有管道或杆路资源废除，则新建管道或杆路资源需与资源点沟通，因此在现场调查时须认真记录每个资源点及其位置，不能有遗漏；同时选择与各资源点现状相匹配的产品设备，以达到美观、实用的效果。

第五节　专项设计场景及案例

一、干道（入镇口）设计场景方案

设计场景

架空线缆上改下是各乡镇主次干道（入镇口）“线乱拉”治理的重要治理方式，各乡镇依照考核标准，通过线缆上改下从而创造整洁且又舒适的优美环境。

1. 上改下——通信管道设计方案

1）管材的确定

经过与乡镇及运营单位的会议沟通，考虑到通信管道的发展趋势以及结合当地的土质情况，共同确定相应的管材。新建管材以塑料管为主，辅以使用部分钢管。塑料管为 PEϕ102×4mm 管，塑合金管为 BFFϕ110 管，钢管为壁厚 4mm 的 ϕ100 一般镀锌焊缝钢管，套节为 ϕ110 一般镀锌无缝钢管，每个套节长 30cm。

2）管道容量的确定

考虑到管道建设的长久性，为避免多次挖掘道路，一般来讲，管孔需要量宜和管道路由上远期（15 ～ 20 年）需敷设的光电缆条数相适应，且应留有一定数量的备用管孔。管孔设计根据人民政府组织召开的各家通信运营单位管孔容量需求来确认各路段管道的管孔容量。

3）窨井的确定

窨井采用同沟不同井的方式，实现各弱电线缆入地的同时满足各运营单位各自建设维护的要求。如若乡镇明确要求通信须合井，一般情况下 6 孔以下采用 2 号配线手孔，6 ～ 10 孔采用 3 号配线手孔，10 孔以上建议采用小号人孔或 120×170cm 手孔。

4）管位的确定

管位确定与综合规划保持同步，结合其道路网规划的整体布局。管位设计根据各乡镇召开的管线协调会确认各道路的通信管位。管道和其他地下管线及建筑物间的最小净距应符合通信管道工程施工规范的要求。

5）特殊路段措施说明

设计横穿跨路：道路可开挖的，通信管道进行包封处理，采用 C15 砼包封，其厚度顶部为 10cm，两侧为 10cm，管孔缝隙之间用细砼填实。管材宜选用 BFF ϕ110 塑合金管。否则采用顶管方式横穿过路。穿越桥梁、隧道、高速公路等建筑需同步建设管道或预留管道的位置。

6）管道段长的确定

管道段长应根据线路分支点、岔路口、光电缆接入点及管道埋深等因素确定。综合考虑塑料管的摩擦系数、管道的弯曲半径、管道的覆土深度及今后出线等各因素，一般以 60 米左右为宜。在人（手）孔位置确定时，应尽量使每段管道取直，如受地形限制必须使用弯管道时，则应尽量具有较小的中心夹角和较大的曲率半径。

2. 上改下——线路割接设计方案

光（电）缆线路改造涉及每家管线单位的不同线路情况和网络结构，由相关单位根据统一建设的管道路由进行线路上改下及入户线治理，实现治理范围内线缆落地，做到线路路由规划经济合理，能够满足当前网络运营需求。

设计案例

现状

■ 主要入口

乡镇 1：金华婺城区竹马乡

场景 1：西宅村委办公楼附近入镇口（见图 4-1）

图 4-1　西宅村委办公楼附近入镇口

如图 4-1 所示，这是典型的“空中蜘蛛网”，杂乱无章的横跨线缆，交错混乱，线缆多而松垮，跨路高度也不符合规范，这种现状既存在安全隐患又严重影响镇容镇貌。

■ 主次干道

乡镇 2：金华婺城区竹马乡

场景 2：次干道（见图 4-2）

图 4-2　金华婺城区竹马乡次干道

如图 4-2 所示，该场景中，上空处各种凌乱的通信线缆密密麻麻交织在一起：有的呈“呼啦圈”状，线缆被盘成一圈一圈的；有的呈“蜘蛛网”状，杂乱无序地悬挂在电线杆或树枝上。这种现状很不美观，成为周边低空的黑色污染。

设计方案

（1）前期调查、排摸、确认新建管道的管材、管位、管孔容量以及窨井的建设方式。治理范围内全路段新建共建管道，根据各家运营单位机房、基站、光交、监控、应急广播等业务点合理设置引上点。

（2）调查现有运营单位架空线缆的条数，确认线缆的割接或平移位置，再将架空线缆进行上改下，将线缆割接至管道内。

（3）最后拆除所有废弃缆线，使道路两侧整洁美观。

成果展示（如图 4-3 所示）

图 4-3　治理成果

整治方式：上改下

建设单位：浙江省通信产业服务有限公司

整治效果：改善了城市道路的观感和居民的良好生态环境，保障了日常安全。

二、老旧小区设计场景方案

设计场景

老旧小区的“线乱拉”治理设计场景包括以下 4 种：①架空线缆上改下；②新建线槽；③吊线合并；④线缆整理。

1. 架空线缆上改下

对有管道、有施工条件的老旧小区，可采用小区内新建管道，在各单元口新增引上点，线缆穿放在管道或楼道内的方式对小区内的线缆进行架空线缆上改下。

具体专项设计方案为：小区内新建管道与各单元楼沟通，在各单元口新增引上点，小区内新建的管道需与红线外各运营商的管道沟通；各单元楼道内打穿楼层板从上往下钉固塑料管或槽道供布放线缆用；小区内新增多合一光交，各单元新增多合一光分纤箱；从光交到光分纤箱重新布放配线光缆，主干光缆由各通信运营单位自行布放；从光分纤箱到每户住户门口穿放预留两根光皮线，预留光皮线盘留在住房门口安装的过路盒内；入户光皮线由各通信运营单位自行割接；待小区内线缆割接完成后，将原有架空线缆、钢绞线、挂钩、拉攀等全部拆除。

2. 新建线槽

老旧小区建设年代久远，房屋布局不合理，房屋周边有污水管道、自来水管道、天然气管道，无适合的管位建设通信管道，为了解决小区内部通信线路“线乱拉”的问题建议建设通信线槽。

在小区内部主要道路新建通信管道，并与外部管道沟通，在房屋侧面新建引上点；在房子背面新建水平塑料 PP 线槽，并与引上点对接；在每层道楼外两侧新建垂直 PP 线槽，用于固定垂直布放的用户线，并与水平线槽对接；线槽颜色选择尽量与房屋外立面颜色相接近，避免突兀，线槽安装前期须与政府相关部门相协调，与小区环境整治部门工作相统一；新建皮线共享箱，用户线从各单位皮线箱引出，经 PP 线槽固定布放至各用户室内，用户线引入室内时打洞引入或由原有洞口引入，尽量不飞线。

用户接入线路整治，建议由一家单位进行统一建设和整治。

3. 吊线合并

对于一些老旧小区没有条件新建管道，墙面情况复杂、不适合新建线槽且墙面有多条吊线的情况，可采用吊线合并的方式进行架空线缆的整治。

线缆整治的方式有两种：第一种方式是将原有多条吊线合并成一条吊线，从光交到用户这一段重新设置光交、安装光分纤箱、布放配线光缆和光皮线，这种整治方式与架空线缆上改下的整治方式有些类似，不同之处在于配线光缆布放，前者是通过吊线布放，后者是通过管道穿放。

第二种方式是将多条吊线合并成一条吊线（质量不好的吊线需更换，重新架设吊线，吊线松垮的地方需收紧），将原有架空线缆平移到这条吊线上，拆除多余的吊线、挂钩、拉攀等，入户光皮线采用横平竖直的方式给予固定。

4. 线缆整理

对小区墙壁架空弱电线路做整体的调整和整理，对原有多条小芯数光缆的路由沿墙钉固新敷设大芯数光缆替换，对于杂乱的入户线飞线重新布放割接，进行统一路由竖直钉固，再对路由上的线缆进行统一捆扎、梳理，尽量做到横平竖直、美观。

设计案例

现状

■ 室外线缆

乡镇1：金华婺城区竹马乡

场景1：某开放式老旧小区（见图4-4）

图4-4　某开放式老旧小区

如图 4-4 所示，该场景中，小区内普遍存在架空线缆杂乱无章的情况，电信、移动、广电、联通等运营商分别建设的自己的吊线路由，造成资源的浪费，以及同一路由上出现多条吊线的情况，线缆凌乱不堪。这种现状影响了小区的整体美观，且存在安全隐患。

■ 楼道分纤箱

乡镇 2：金华婺城区竹马乡

场景 2：某老旧小区（见图 4-5）

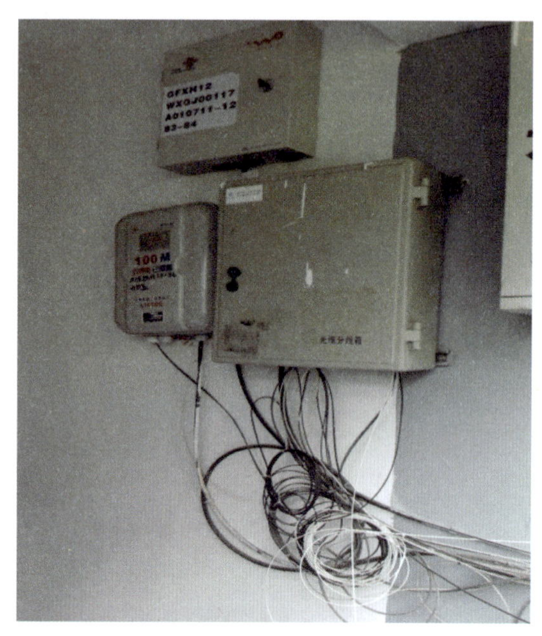

图 4-5　某老旧小区楼道分纤箱

如图 4-5 所示，在该场景中，一个楼道内存在 3 家运营商各自安装分纤箱的现象，由于 3 家运营商的分纤箱大小不同、型号不同，且入户皮线没有按规划盘留，造成视觉上的混乱、不美观。

■ 楼道线缆

乡镇3：金华磐安县新渥镇

场景3：某老旧小区（见图4-6）

图4-6　某老旧小区楼道线缆

如图4-6所示，在该场景中，由于楼道分纤箱只安装在一个楼层，在需要跨楼层布放时，为图方便，安装队伍往往由外墙直接飞线入户，严重影响了小区外立面的整洁美观。

设计方案

（1）墙壁光缆应远离街道，并尽可能采用横平竖直予以固定。需在街道两侧布放时，应尽可能采取美化措施（如加装塑料管或者槽道等）。

（2）分纤箱（盒）应优先安装在楼道内或者地下室、外墙、杆上，以利于线缆隐蔽布放入户。在楼道内，尽量采用三合一分纤箱，达到整体美观、统一入户线缆的要求。如图4-7所示。

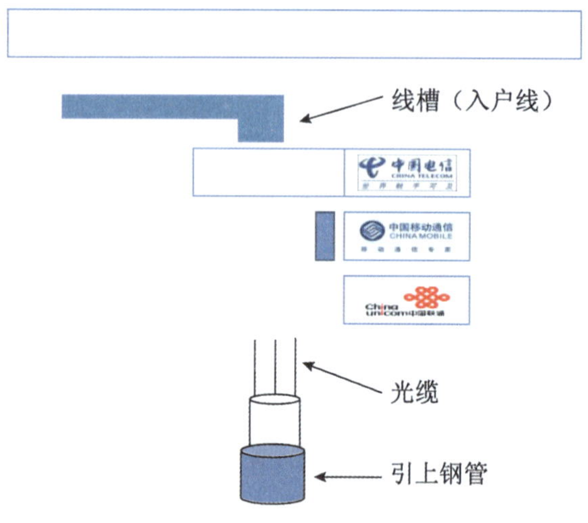

图 4-7　三合一分纤箱安装示意图

（3）在布放入户皮线时，有条件的地区应采用楼道内预设 PVC 管的方式进行布放，暂无条件的地区也应采用横平竖直对入户皮线予以固定，并要求各运营商统一皮线光缆颜色，尽量与建筑物外墙颜色接近。

成果展示（如图 4-8、图 4-9、图 4-10 所示）

图 4-8　金华市义乌市赤岸镇尚阳村老街线路沿壁走线——整治前

图 4-9 金华市义乌市赤岸镇尚阳村老街线路沿壁走线——整治后

图 4-10 金华市义乌市佛堂镇双林路入户线多箱合一整治

整治方式：线路上改下 + 新建线槽 + 多箱合一

建设单位：浙江省通信产业服务有限公司

整治效果：改善了小区的外观，为小镇居民创造了良好的生活环境。

三、沿街商铺设计场景方案

设计场景

沿街商铺的“线乱拉”治理设计场景包括以下 3 种：①架空线缆上改下；②吊线合并；③新建线槽。

1. 架空线缆上改下

针对政府对沿街商铺立面改造契机，可采用在道路两侧新建管道，在相邻的两栋房子之间新增引上点，线缆穿放在管道或楼道内的方式对道路两侧架空线缆上改下。

具体专项设计方案为：沿街商铺两侧新建管道，在相邻的两栋房子之间或隐蔽位置新增引上点，沿街商铺两侧新增三合一光分箱，沿着商铺两侧商铺门头统一布放光皮线，主干光缆由各通信运营单位自行布放；从光分纤箱到每户住户门口穿放预留两根光皮线，预留光皮线盘留在商铺门口安装的过路盒内；入户光皮线由各通信运营单位自行割接；待沿街商铺线缆割接完成后，将原有架空线缆、钢绞线、挂钩、拉攀等全部拆除。

2. 吊线合并

对于一些道路狭窄没有条件新建管道、墙面情况复杂不适合新建线槽且墙面有多条吊线的情况，可采用吊线合并的方式进行架空线缆的整治。

线缆整治的方式有两种：第一种方式是将原有多条吊线合并成一条吊线，从光交到用户这一段重新设置光交、安装光分纤箱、布放配线光缆和光皮线，这种整治方式与架空线缆上改下的整治方式有些类似，不同之处在于配线光缆布放，前者是通过吊线布放，后者是通过管道穿放。

第二种方式是将多条吊线合并成一条吊线（质量不好的吊线需更换，重新架设吊线，吊线松垮的地方需收紧），将原有架空线缆平移到这条吊线上，拆除多余的吊线、挂钩、拉攀等，入户光皮线采用横平竖直的方式给予固定。

3. 新建线槽

在沿街商铺房屋侧面新建引上点并与主干道路通信管道沟通；分别在两侧店铺店招后面新建水平塑料 PP 线槽，并与引上点对接；线槽颜色尽量与房屋外立面颜色相接近，避免突兀，线槽安装前期须与政府相关部门相协调，与沿街商铺环境整治部门工作相统一；新建皮线共享箱，用户线从各单位皮线箱引出，经 PP 线槽固定布放至各沿街商铺室内，用户线引入室内时在房子店招后面打洞引入或原有洞口引入，尽量不飞线。如图 4-11 所示。

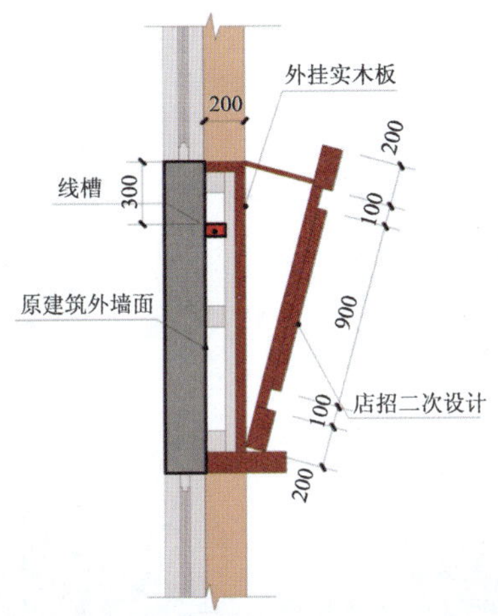

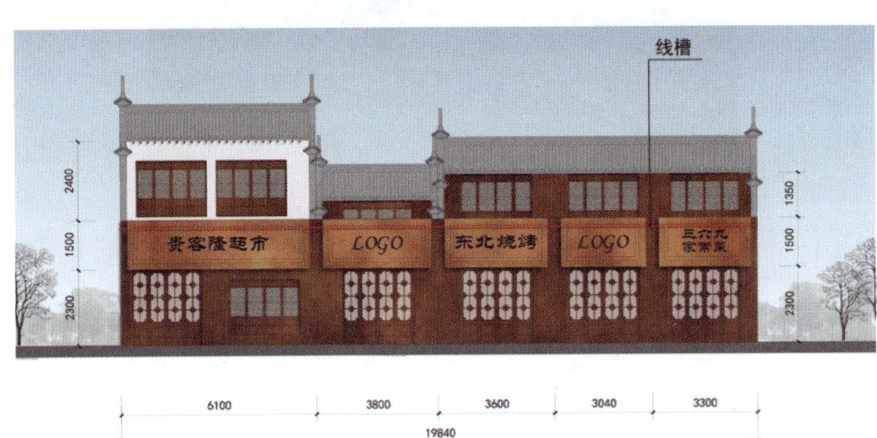

图　4-11

用户接入线路整治，建议由一家单位进行统一建设和整治。

设计案例

现状

■ 沿街商铺室外线缆

乡镇 1：金华市婺城区竹马乡

场景 1：东宅村委办公楼路口（见图 4-12、图 4-13）

图 4-12　东宅村委办公楼路口

如图 4-12 和图 4-13 所示，沿街商铺架空线缆普遍存在杂乱无章的现象，电信、移动、广电、联通等运营商分别建设的自己的吊线路由，造成资源的浪费，以及同一路由上出现多条吊线的情况，线缆凌乱不堪。

图 4-13　沿街商铺分纤箱

设计方案

（1）在沿街商铺两侧新建通信管道，在每两间店铺中间预留小手孔将 PE 管预埋至店铺内，在每户商铺室外安装统一的弱电箱。

（2）分纤箱（盒）安装在房子侧面隐蔽位置并与道路管道沟通。统一采用三合一的光分纤箱，满足整体美观要求。

（3）安装多合一光交，多家通信运营商分别在步行街上安装大小不同、形态各异的室外光交箱严重影响了步行街的美观。从光交到光分纤箱重新布放配线光缆，主干光缆由各通信运营单位自行布放；从光分纤箱到每户商铺室内穿放预留两根光皮线，预留光皮线盘留在室内商铺弱电箱中。

成果展示（如图 4-14 所示）

（1）金华市义乌市佛堂镇老街入口架空线路地埋入地——整治前后

（2）金华市义乌市佛堂镇老街隐蔽走线整治——整治前后

图 4-14　金华市义乌市佛堂镇老街商铺室外线缆整治

整治方式：上改下

建设单位：浙江省通信产业服务有限公司

整治效果：改善了沿街商铺的面貌，达到整体美观要求，与道路的整体风貌相吻合。

四、小城镇景区设计场景方案

设计场景

景区老街的“线乱拉”治理设计场景包括以下 5 种：①管道入地；②浅埋入地；③新建线槽；④墙壁吊线移挂；⑤线缆整理。

1. 管道入地

对有管道、有施工条件的景区，可采用景区内新建管道，在各节点（适合安装光分纤箱和用户接入点）新增引上点，线缆穿放在管道内的方式对景区内的线缆进行架空线缆上改下。

具体专项设计方案为：景区内新建管道与各节点沟通，在各节点新增引上点，景区内新建的管道需与景区外各运营商的管道沟通；各节点至用户户内钉固塑料管或槽道供布放线缆用；景区内新增多合一光交，部分节点新增多合一光分纤箱；从光交到光分纤箱重新布放配线光缆，主干光缆由各通信运营单位自行布放；从光分纤箱到每户住户门口穿放两根光皮线；入户光皮线由各通信运营单位自行割接；待小区内线缆割接完成后，将原有架空线缆、钢绞线、挂钩、拉攀等全部拆除。

2. 浅埋入地

景区老街基本都不具备正规管道的施工条件，过多的落井及引上同样也会对景区的美观造成一定的影响。

具体专项设计方案为：对于一些过路过街和过桥过河的地方，为了景区街道的美观，可对线路房屋两侧用塑料线槽引下，过路过街处浅挖埋暗管，过桥过河处线路沿桥边桥底敷设，待线缆割接完成后，将原有架空线缆、钢绞线、挂钩、拉攀等全部拆除。

3. 新建线槽

景区老街建设年代久远，房屋多以木式结构为主，街道狭窄，且管路复杂，现已无适合的管位建设通信管道，为了解决其通信线路“线乱拉”的问题建议建设通信线槽。

在景区老街线缆路由处新建水平塑料 PP 线槽，线槽颜色选择与房屋外立面颜色相接近，避免突兀，用户线从各单位皮线箱引出，经 PP 线槽固定布放至各用户室内，用户线引入室内时打洞引入或由原有洞口引入，尽量不飞线。

用户接入线路整治，建议由一家单位进行统一建设和整治。

4. 墙壁吊线移挂

对于一些景区老街没有条件新建管道，街面情况复杂不适合新建线槽且街面有多路吊线的情况，可采用墙壁吊线移挂的方式进行架空线缆的整治。

具体专项设计方案为：寻找隐蔽的有条件的新路由，如街道的屋檐，统一广告牌后面，或是隐蔽的背街，选择好合适位置后重建一条路由，再统一共建线路设计施工，以减少路由的走线量和走线的合理可控性，最后就是割接现有用户，拆除之前所有老线缆及路由以达到街面的整体美观整洁。

5. 线缆整理

对于一些景区老街均不适合以上场景方案的，最后我们只能对现有的墙壁架空弱电线路做整体的调整和整理，合并多余吊线，替换老旧吊线，对原有多条小芯数光缆的路由沿墙钉固新敷设大芯数光缆替换，对于杂乱的入户线飞线，重新布放割接，进行统一路由竖直钉固，再对路由上的线缆进行统一捆扎、梳理，尽量做到横平竖直、美观。

设计案例

现状

■ 景区老街架空线缆

乡镇 1：金华市义乌市

场景 1：伏龙山路（见图 4-15）

图 4-15　伏龙山路

如图 4-15 所示，景区老街架空线缆普遍存在杂乱无章的现象，电信、移动、广电、联通等运营商分别建设的自己的吊线路由，造成资源的浪费，甚至同一路由上出现多条吊线，用户飞线凌乱不堪。

设计方案

（1）墙壁架空弱电线路做整体的统一调整和整理，对路由上的线缆进行统一捆扎、梳理，尽量做到横平竖直、美观。

（2）分纤箱（盒）应优先安装在较隐蔽的侧墙，避免箱子直接挂在店铺门面上，尽量采用三合一的分纤箱，这样能达到整体美观、统一入户线缆的要求。

（3）在布放入户皮线时，有条件的地区应采用楼道内预设 PVC 管的方式进行布放，暂无条件的地区也应采用横平竖直对入户皮线予以固定，并要求各运营商统一皮线光缆颜色，使之尽量与建筑物外墙颜色接近。

成果展示（如图 4-16 所示）

图 4-16 整治成果

整治方式：线路整理

建设单位：浙江省通信产业服务有限公司

整治效果：改善了景区面貌，与景区的整体风貌相吻合，达到整体美观要求。

五、小城镇步行街设计场景方案

设计场景

步行街作为重要的商业街区，在治理范围内要求各运营单位的线缆均穿管、隐蔽性布放，以美化环境。步行街“线乱拉”设计过程以新建管道、新建线槽、线路上改下、线缆整理相结合的方式进行治理。

第一步：新建管道

步行街、人孔密集地建议道路两侧均设置管道，每边管孔规模不得大于单侧建设管道规模。同时建议步行街管道开挖采用同沟同井的方式。新建的管道需与治理范围外的各运营单位的管道或杆路沟通，根据业务点新建引上点。

针对原有各运营单位的通信设施，分线盒、分纤箱统一替换成三合一或四合一的箱体。同时光电缆箱体的设置可考虑与各类广告、灯箱、车站牌及公益宣传牌等相结合，与其共同建设并进行美化处理。如果步行街空间条件允许的话设置交接间，交接间内设置 ODF 代替交接箱，以达到安全美观的效果。

第二步：新建线槽

在步行街主干道沿街以及有店招的沿街商铺外新建水平桥架或线槽，并与引上点对接，在房屋两侧新建垂直线槽，与水平线槽对接。设计新建线槽主要以 PP 塑料材质为主，现有 3 种规格：150mm×120mm、100mm×50mm 以及 60mm×30mm。线槽颜色选择尽量与房屋外立面颜色相接近，避免突兀，线槽安装前期须与政府相关部门相协调，与小区环境整治部门工作相统一。

第三步：线路上改下

调查、排摸现有运营单位的线缆资源情况，将各自运营单位的主干线路进行合并，以节约管孔资源，最后全部割接至管道内。从各运营单位箱体（光交）新放配线光缆经管道引上至线槽内，敷设至共享箱体内（分线盒、分纤箱）。入户线从共享箱引出，经 PP 线槽固定布放至各用户室内，入户线引入室内时打洞引入或由原有洞口引入，尽量不飞线。

第四步：线路整理

对步行街两侧背后隐蔽区域，墙壁架空弱电线路做整体的调整和整理，对原有多条小芯数光缆的路由沿墙钉固新敷设大芯数光缆替换，对于杂乱的入户线飞线重新布放割接，进行统一路由竖直钉固，再对路由上的线缆进行统一捆扎、梳理，尽量做到横平竖直、美观。

设计案例

现状

■ 室外线缆

乡镇 1：金华市尚阳公社

场景 1：步行街（见图 4-17）

图 4-17　金华市尚阳公社步行街

如图 4-17 所示，在该场景中，架空、墙壁线缆错综复杂，绑扎不整齐，交叉走线杂乱无序，影响建筑美观；入户线随意附挂或直接飞线入户，不安全、不美观；监控设备飞线现象较多，横跨马路，部分在重要场所，影响景观。

■ 通信设施

乡镇 2：金华市尚阳公社

场景 2：交接箱、通信井盖、分纤箱（见图 4-18）

（1）交接箱

（2）通信井盖

（3）分纤箱

图 4-18

如图 4-18 所示，在该场景中，同一区域安放了多个光交箱，型号各一，安装不规范，大小高低不一。管道人孔盖板破损，杆路倾斜，存在安全隐患。分纤箱选装位置不规范，存在安全隐患且影响镇容镇貌。入户线横跨飞线、沿墙过低走线混乱，和周围环境不协调。

设计方案

（1）在道路两侧新建管道，根据业务点合理设置引上点。

（2）再将主干架空线缆上改下，将线缆割接至管道内。

（3）沿街商铺根据立面改造进度，新建线槽或桥架，将配线、入户线等墙壁光缆移至线槽内，达到隐蔽、美观的效果。

（4）通信设施统一规格，新建三合一、四合一共享箱，达到整体美观、统一入户线缆的要求。

（5）最后拆除所有废弃缆线，使道路两侧整洁美观。

成果展示（如图 4-19、图 4-20 所示）

（1）整治前

（1）整治前

（2）整治后

（2）整治后

图 4-19　金华市尚阳走线整治——整治前后

整治方式：上改下

建设单位：浙江省通信产业服务有限公司

整治效果：美化环境，突出了小镇特色。

图 4-20　金华市尚阳走线整治——整治前后

整治方式：新建线槽

建设单位：浙江省通信产业服务有限公司

整治效果：改善了步行街面貌，达到整体美观要求，与步行街的整体风貌相吻合。

六、公共建筑设计场景方案

设计场景

近年来，我国大部分公共建筑都得到了重新修缮，或改造，或新建，绝大多数的公共建筑都杜绝了“线乱拉”的现象，少部分建筑由于各种原因或多或少地还存在问题。本次公共建筑涉及的设计场景包含办公建筑（包括写字楼、政府部门办公室等）、商业建筑（如商场、金融建筑等）、旅游建筑（如酒店、娱乐场所等）、科教文卫建筑（包括文化、教育、科研、医疗、卫生、体育建筑等）、通信建筑（如邮电、通信、广播用房）、交通运输类建筑（如机场、高铁站、火车站、汽车站、冷藏库等）以及其他建筑（派出所、仓库、拘留所）等。

设计案例

现状

■ 架空线缆

乡镇 1：湖州市安吉县孝丰镇

场景 1：李赋线（见图 4-21）

图 4-21　李赋线

如图 4-21 所示，部分老旧的公共建筑，如政府办公场所、卫生院、娱乐场所等，其内部区域“线乱拉”情况较为严重，而且此类建筑办公楼数量较多，楼宇之间架空线路数量过多，这不仅影响视觉效果，更重要的是存在重大的安全隐患。

■ 分纤箱安装与入户线

乡镇 2：绍兴市上虞区下管镇

场景 2：树人路（见图 4-22）

图 4-22　树人路

如图 4-22 所示，存在“线乱拉”问题的公共建筑的分纤箱大多数都安装在墙壁较显眼处，且由于部分公共建筑存在用户分散的特点，分纤箱的覆盖范围往往较普通建筑分纤箱的覆盖范围要广，入户线的距离也较长。这些往往是造成“线乱拉”的主要原因。

设计方案

1. 架空线缆

1）跨楼架空线缆

对于如政府部门、卫生院等在区域内存在多幢办公楼的公共建筑，要加强架空线缆上改下的力度，通过地下管道的建设、线缆直埋等方式将架空线缆割接至地下，不仅增强了视觉上的美观，也杜绝了安全隐患。

2）墙壁线缆

对于公共建筑外墙的墙壁线缆，若是吊线式墙壁线缆，尽量采用吊线合并的方式（拆除多余吊线、拆除吊线固定装置、收紧松垮处、补齐光缆挂钩等），并将原有墙壁线缆进行整体平移；若是钉固式墙壁线缆，尽可能采用横平竖直的方式予以固定，有必要的地方可增加塑料线槽，以达到保护及美观作用。

3）入户线缆

至用户的入户线缆一般存在于楼内，部分线缆由于分纤箱至用户之间距离较短，存在“线乱拉”的情况，且部分无业务的线缆存在于楼内墙上，造成整体环境的不美观。对于此类情况，尽量对无用线缆进行整理并拆除，在楼内采用塑料线槽或者室内桥架的方式，对线缆进行归类整理，达到美观效果。

2. 公共通信设施

1）通信机房

早期很多电信、广电机房位于部分乡镇政府办公所在地，作为通信机房，有大量架空线缆进出，对于这类场景，建议直接新建通信管道，沟通外部道路与机房的线缆路由，对现有架空管线进行下地割接，全面杜绝“线乱拉”现象。

2）交接箱

部分电信、联通还存在着架空式的电缆交接箱，放置于两根电杆之间的架空平台上，并且众多架空的电缆接入至交接箱。对于此类“线乱拉”的现状，建议对此电缆交接箱下的用户进行梳理，通过新建光缆的方式将业务整体进行平移，并对电缆交接箱予以拆除，包括架空电杆及平台。

3）分纤箱

部分公共建筑分纤箱安装位置过于明显，线缆进出杂乱无章，且由于多家运营商的进入，分纤箱数量众多，影响美观。对于此类情况，应尽量把分纤箱（盒）安装在墙角或者地下室，以利于线缆隐蔽布放入户。在楼道内，尽量采用三合一的分纤箱，达到整体美观、统一入户线缆的要求。

成果展示（如图 4-23、图 4-24 所示）

图 4-23　金华市德胜小区隐蔽走线整治——整治前后

整治方式：线槽敷设

建设单位：浙江省通信产业服务有限公司

整治效果：改善了公共建筑表面的整体面貌，达到简洁美观的要求，与社区环境的整体风貌相吻合。

图 4-24　金华市磐安县盘峰走线整治——整治前后

整治方式：线槽钉固

建设单位：浙江省通信产业服务有限公司

整治效果：改善了公共建筑表面的整体面貌，达到简洁美观的要求，与社区环境的整体风貌相吻合。

第六节　创新设计及产品应用

在“线乱拉”治理过程中，为了更好地体现治理的效果，设计时积极突破创新技术和创新产品，同时也鼓励各地在具体治理中创新运用既经济实惠又富有特色的解决方案。

一、多箱合一的治理应用

“多箱合一”是在小城镇道路上将移动、联通、电信、广电等多家运营单位的线缆集中在一个光缆交接箱内统一建设管理，可以有效减少道路上室外箱的数量，营造整洁干净的道路环境，提升小城镇整体景观。

箱盒安装位置应符合城市规划，不得妨碍交通，不得影响市容，并保证安全隐蔽。箱盒不应设置在易腐蚀、易淹没、易破坏等的不利位置。

拆除废弃箱盒、更换老旧箱盒。鼓励各地对外置箱盒进行必要的美化，以实现与周围环境的和谐统一。弱、强电箱（盒）须分开安装，箱（盒）应优先安装在楼道内或者地下室、外墙、杆上，以利于线缆隐蔽布放入户。各地可采用多箱合一集线方式安装箱（盒）。

弱、强电箱盒安装应排列整齐、固定牢固，确保美观大方。箱（盒）须标识清楚、产权明晰。

实物案例如图 4-25 所示。

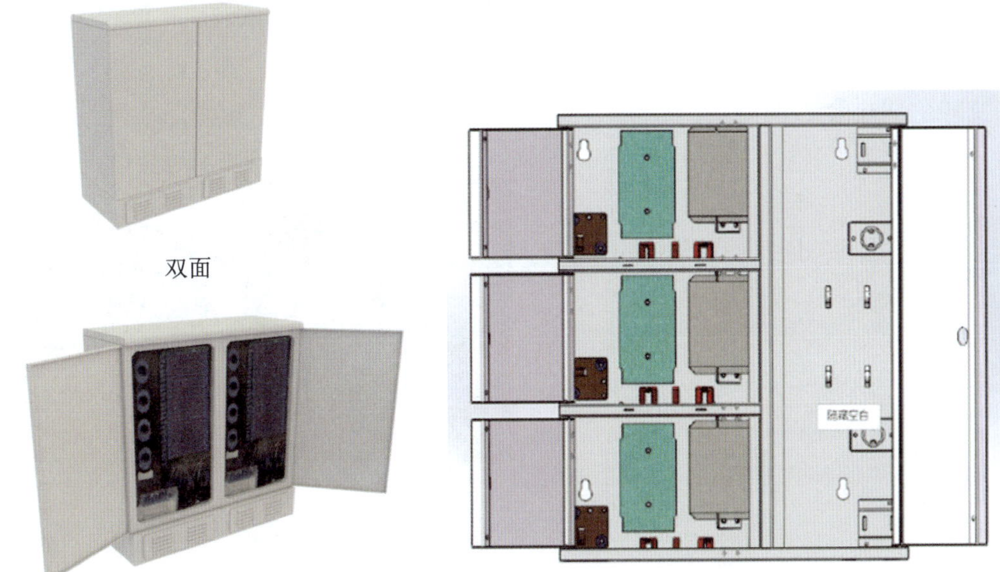

图 4-25　采用多箱合一整合，确保美观有序

二、室外槽道的治理应用

为了有效治理线缆存量、规范后续增量，采用美化槽道是治理室外墙壁线缆的有效手段。根据不同使用场景需求共推出 3 种规格的室外槽道：一种是 60mm×30mm 规格，适用于入户线（皮线光缆，同轴电缆）整治，安装方式为钉墙安装；另一种是 100mm×50mm 规格，适用于不利于上改下的普通光缆整治工程，包括沿街光缆与用户皮线光缆混合整治场景，普通光缆数量少于 5 条以下，安装方式为钉墙安装，支撑安装多种形式；还有一种是 120mm×100mm 规格，适用于不利于上改下的“线乱拉”整治场景，包括沿街光缆、电缆等整治场景，槽道布放容量大（普通 12 芯光缆可布放数量大于 40 条），安装方式为水平支撑安装。

此类槽道的特点是采用新材料（PP-2017081 材质）、新工艺（模块化）；采用模块化安装方式，节省施工成本；采用模具加工，一次性成型强度好；阻燃性、电绝缘性好；具有较高的耐热性及抗冻性；重量轻，美观紧凑；符合通信线缆路由的布放标准，方便装维。

实物案例如图 4-26 所示。

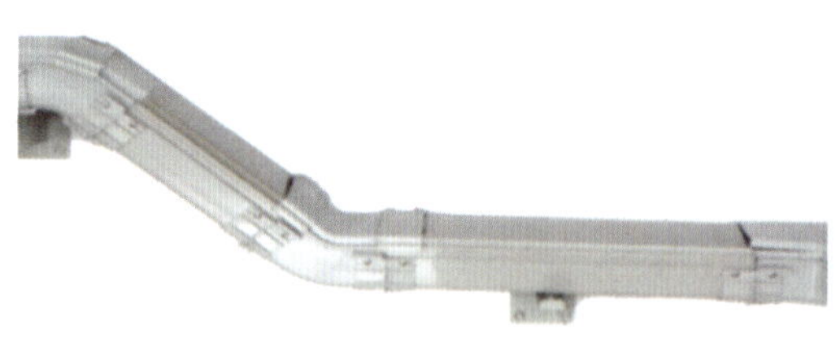

图 4-26　金华浦江白马镇

三、智慧灯杆的治理应用

在小城镇环境综合整治“线乱拉”治理过程中，路灯杆、交通设施杆、路名牌、通信杆、监控杆等各种杆件林立，造成大量的重复建设、资源浪费和环境破坏，同时也影响小城镇环境美观，为响应政府的“清杆行动”，实现环境友好，对接“共享经济”大氛围，实现资源的高效利用，结合接下来 5G、大数据、物联网等趋势性行业发展的需要，推出智慧灯杆产品。

智慧灯杆是一种集成了各种信息设备技术创新复合应用的智慧路灯产品，整个智慧灯杆内包含路灯照明控制系统、Wi-Fi 天线基站、视频监控管理、广告屏播控系统、城市环境实时监测、紧急呼叫系统、水位监测、充电桩系统和井盖监测系统等应用。

1. 智慧灯杆的结构类型

智慧灯杆的综合功能一般依附于路灯杆、监控杆、交通信号杆、气象监测杆等杆件，根据不同场景及功能，杆件设计结构可以大致分为一体式智慧灯杆与分体式智慧杆件两种。

一体式智慧灯杆：是将通信设备、照明、监控、网络、智慧模块、广告、广播、供电等功能以一体化集成的方式部署在杆件上。

分体式智慧杆件：将照明、监控、广告、广播等需要挂载的功能集成于杆件，将网络、智慧模块、通信设备、供电等功能采用分体式设备盒、箱等方式部署在杆件附近。

2. 智慧灯杆的设计原则

智慧灯杆的设计原则如下：

（1）充分尊重各类专业设备的技术要求，保证各项设备能够方便、高效地服务于各专业技术单位，便于管理部门的使用、管理和维护；

（2）高度重视资源的集约利用，节约城市建设成本，杆件能够合并的尽量合并；

（3）注重城市景观要求，统筹考虑杆件的结构、外观与空间布置；

（4）各类杆件在城市道路上的布置应一体化考虑，避免相互冲突。

实物案例如图 4-27 所示。

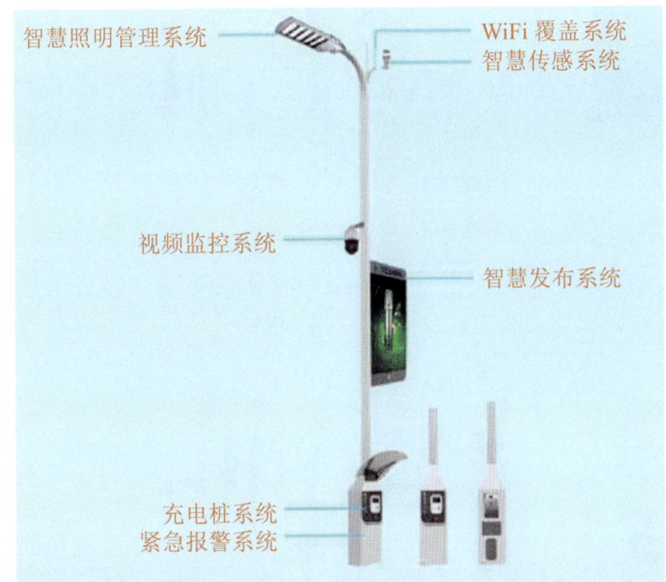

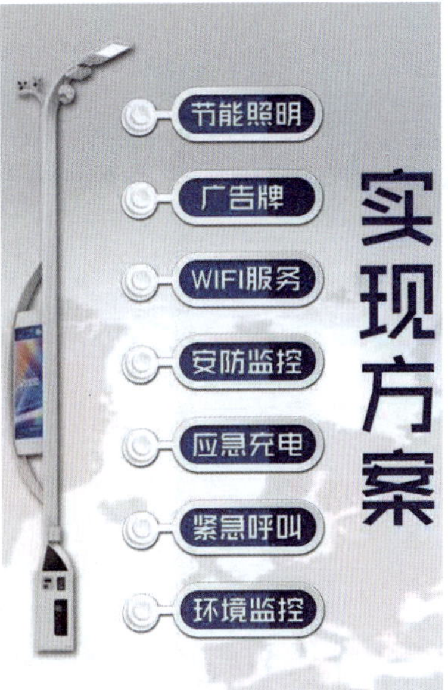

图 4-27　智慧灯杆（一）

微机站设备
环境监测
视频监控
设备
显示屏
充电桩

LED主光源
监控
微基站
应急广播
汽车充电桩

微机站设备
环境监测
视频监控设备
显示屏
路灯照明
控制系统
充电桩

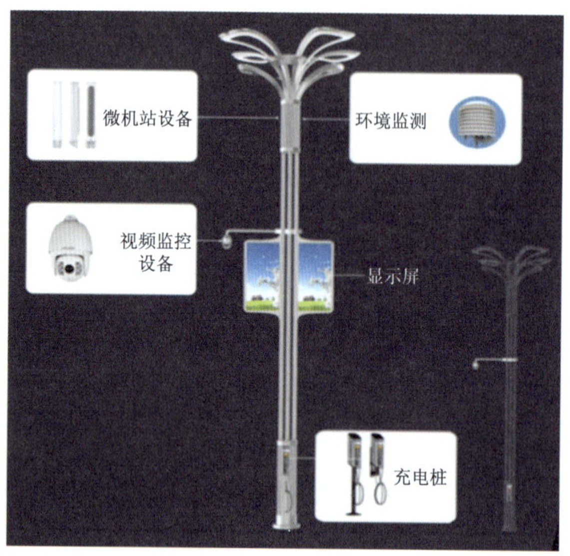

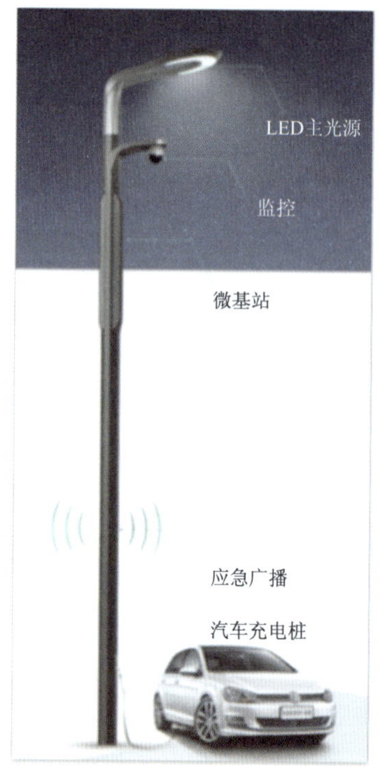

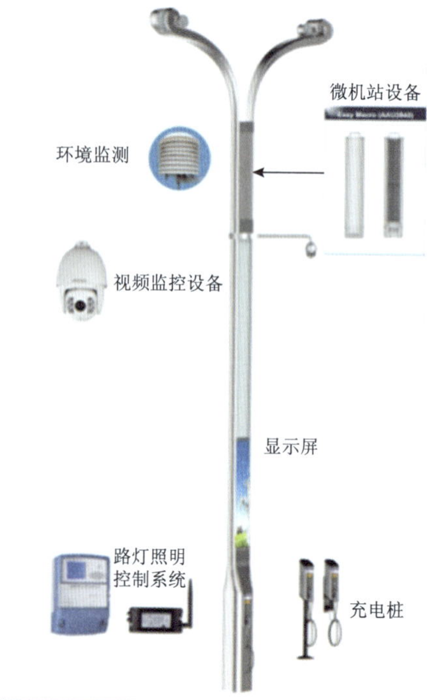

图 4-27　智慧灯杆（二）

部分试点照片如图 4-28 所示。

图 4-28　智慧灯杆试点

四、智能井盖的治理应用

随着城市化进程的加快，市政公用设施建设发展迅速。电力、通信等部门的线缆大都采取地埋方式，通过井盖进行日常维护，由于缺乏有效的实时监控及管理手段，给不法分子提供了可乘之机，撬开井盖盗窃电缆、偷盗井盖的犯罪行为时有发生，这不仅影响了相关设备的正常工作，造成了巨大的直接或间接经济损失，而且丢失井盖的井口也会对道路上的车辆、行人造成极大的危害，对社会安定、安全造成负面影响。由于镇区面积较大，井盖分布范围广、数量大，视频监控有限，导致监管难度大，通过井盖盗窃线缆的犯罪行为越来越猖獗。这些盗损行为影响了设施功能的正常发挥，并造成了巨大的直接和间接损失。井盖线缆防盗已经成为困扰市政建设的巨大难题。

因此市政井盖的管理需求是非常明确的，但目前大量的市政井盖还基本靠人工巡查管理，再加上井盖数量大、分布地域性广，单纯依靠人工巡检排查根本无法实时获得这些井盖的状态信息，更无法在出现异常情况时迅速响应。因此，如何能够精细到对市政井盖的个体进行实时监控，及时到对井盖部件的异常情况做出快速处理，最大程度地保障行人人身安全与国家资产安全，是政府相关主管部门亟须思考解决的问题。

为响应全国各地建设智慧乡镇的政策需要，切实解决城市井盖管理中面临的监管难题，在“线乱拉”治理中，对于地下管线的管理引入了智能井盖。

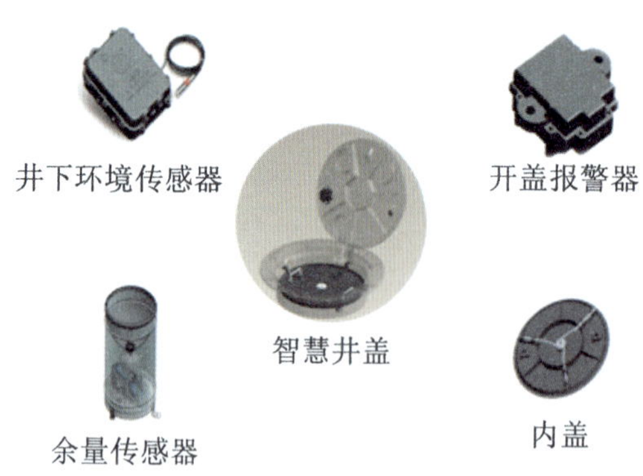

第五章

小城镇管线治理施工规范

第一节　与各方施工的统筹衔接

一、与建设单位的衔接

施工中征求业主单位的意见，建立工作联系制度，定期召开工程联络会议，沟通工程进度情况，不断改进施工方法、提高工艺水平，满足业主单位对工程质量的合理要求。

确保竣工文件完整正确，材料的说明书、合格证保存完好，竣工交验时将其完整地交给接管单位。工程移交后，做好售后服务。

二、与设计单位的衔接

开工前与设计部门取得联系，了解设计意图，协助做好设计技术交底，复核设计文件；做好通信线路的定（复）测和施工现场调查工作；设备材料订货时与设计人员确认后签订合同；施工中与设计部门保持密切联系，及时妥善处理遇到的问题，确保工程顺利进行。

三、与强电施工单位的衔接

施工前成立施工协调部，组织人员与强电施工单位联系，协调施工工期，争取强电施工单位的支持配合，减少施工中的交叉干扰；主动与强电施工单位进行弱电管道施工图交底，向他们介绍弱电管道的点位、走向及其他情况，提供有关施工资料（如管路的埋深、走向、交叉穿越地点、防护方式等），创造施工便利条件。

四、与其他施工单位的衔接

积极主动与其他施工单位取得联系，做好双向配合，一方面提前联系，争取其他施工单位的支持配合，减少施工中的交叉干扰；另一方面主动与已完工地段（站点）的其他单位联系，向他们介绍通信管路、设施情况，提供有关施工资料（如管路的埋深、走向、交叉穿越地点、防护方式等），创造施工便利条件。

第二节　管线治理施工质量管控

一、质量目标

符合国家施工验收规范规定的合格标准，达到一次性验收合格。

二、质量保证技术措施

实施全过程质量管理。施工前针对本工程特点，编制技术先进、工期合理和工程质量确保优良的施工组织设计，制订适合本工程特点的质量目标计划和保证工程质量的项目管理制度。

三、原材料、外购件的质量保证措施

采购物资和建设单位提供的设备、材料，其质量和各类参数与设计技术文件的一致性是确保机组施工符合设计要求、运行的安全性、可靠性、经济性以及环境要求的主要因素之一，对设备、材料等物资的质量控制都有经第三方认证的管理程序，具有设备、材料等物资的质量严格受控能力。将针对本工程的特点和管理模式，完善和建立适合本工程施工要求的设备、材料等物资的质量管理程序。

四、机械和器具管理

本工程保证所用的施工机械和机具、检验和试验仪器设备等处于受控状态，均在规定的检定或检验周期内，并由具有资格的检测机构出具符合使用要求的检定合格证书。

本工程开工前，对进驻施工现场的施工机械和机具将完成定期保养、阶段性修理（如电焊机、起重机械和运输机械）及技术鉴定，检验和试验仪器设备完成计量鉴定，工器具完成保修保养和计量鉴定，以完好的施工机械和设备来保证施工质量。

五、质量检查与监督

按ISO9001质量管理体系进行施工安装和服务，以保证质量目标的实现。

质量监督和检查、检验和试验以国家现行的规程、规范及文件为依据。遵照经会审签证的施工图纸和设计文件；批准签证的设计变更；设备制造厂家提供的图纸和技术文件；建设单位与设备材料供货商签订的合同文件中有关质量的条款；建设单位与监理单位签订的合同文件及相关监理文件。

严格按照施工验收规范和质量检验评定标准实施检查和监督；

定期对工程的技术资料进行检查，保证施工原始资料真实、完整、及时；

定期对工程进行质量大检查，针对施工薄弱环节和质量通病，制定保证工程质量和消灭质量通病的技术措施；

对存在的工程质量问题，在未得到解决之前不继续施工，检查人员有权制止违章操作和停止下道工序的作业，工程项目负责人要支持质检人员行使质量否决权；

做好质量信息反馈工作，自觉接受建设单位和政府质量部门的质量监督检查，及时听取用户意见，建立质量信息反馈档案，及时整改工程质量方面存在的问题，不断提高工程质量水平。

六、文件和资料整理

1. 施工技术记录

（1）开工前确定施工技术记录的编制范围、数量、深度、类型等。在工程施工过程中，可按工程的特点和建设单位或监理单位的要求再予以增加、补充和调整。

（2）施工技术记录的形成与施工进展同步，并且是对施工过程的真实记载。现场质量检验、试验的原始资料真实、准确、无追记，接受上级质监部门和建设单位或监理单位的检查。所有施工技术记录清晰、完整、可追溯。

（3）所有施工技术记录均妥善保存并备目录索引，随时可供追溯。

（4）所有施工技术记录都按单位工程、分部、分项工程分类输入计算机。如施工中建设单位及监理单位需要查询随时提供。

2. 竣工资料

（1）竣工资料的编制、内容、规格、装订按技术规范执行。

（2）竣工资料的管理从本工程中标后就加强控制，确保竣工资料的真实性、正确性、有效性。

（3）在工程竣工后 7 天内移交完竣工资料给总承包单位进行汇总。竣工资料的载体为书面文件和计算机光盘。

七、质量管理程序

此程序共 4 个管理点，其中施工图技术交底和回访用户是管理重点。

1）施工图技术交底

施工图出图后，项目负责人及各项目设计人应做好技术交底的准备，并向用户和施工单位做技术交底，介绍设计意图，提出施工注意事项。

对设计中采用的新材料、新技术、新工艺应协助施工单位拟定操作规程；由工程人员施工的，也应进行技术交底或培训，对施工人员提出的合理意见要及时采纳，并同时修改相关施工设计。

2）施工配合

各项目负责人在施工期间应主动配合，及时根据施工要求解释和补充图纸、出修改通知，解决施工中出现的设计问题。

3）参加竣工验收

项目负责人应组织项目设计人员参加阶段性验收工作，对验收中提出的问题要及时整改；参加工程竣工验收，检查施工与设计图纸的一致性，认真听取各方面对设计图纸的意见、建议。

4）回访用户、总结、归档

所有工程均在竣工后由项目负责人组织对施工单位进行回访，听取其对系统设计、功能实现、图纸质量、施工配合等方面的反映，认真总结经验并进行相应文件归档。

第三节 管线治理施工进度管理

一、进度安排

合理组织劳力和配置施工机具设备，满足“线乱拉”治理各施工阶段的节点安排，并根据“线乱拉”治理施工过程中的实际情况随时对初步施工进度计划进行调整，完全达到工期目标。

二、进度保障措施

工期保证体系

充分发挥技术力量雄厚，施工经验丰富，机具设备配置齐全、先进的优势，高质量、高标准地严格按施工组织设计按期完成本工程施工任务。工期保证体系如图 5-1 所示。

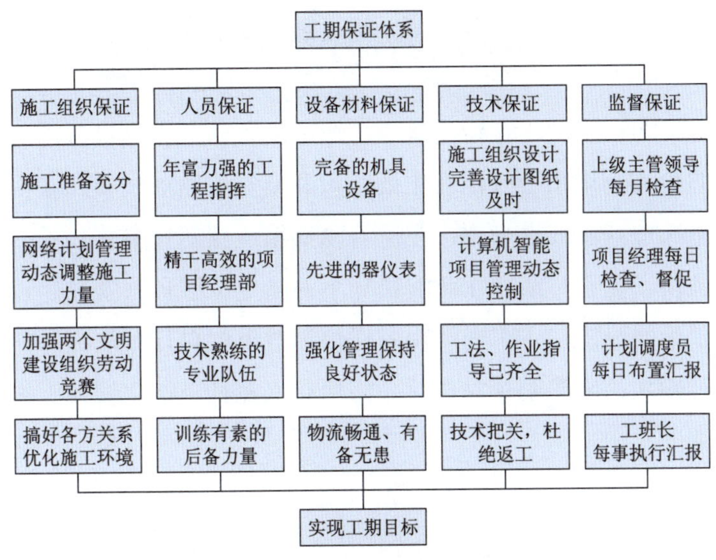

图 5-1 工期保证体系示意图

第四节　管线治理施工场景及案例

按照相关技术规范要求，小城镇“线乱拉”治理主要治理传输线缆和入户线缆（广电、通信线缆统称弱电线缆，强电线缆治理未纳入本节讲解范围），不同场景“线乱拉”治理施工内容和重点有所差异。

一、主要街道治理施工方法

主次干道的“线乱拉”治理方式包括以下两种：①架空线缆上改下；②沿墙走线。

1. 架空线缆上改下

对有管道、有施工条件的主次干道，采用路面开挖的方式在道路的一侧进行新建管道建设，在适当的位置新增跨路管道，在各光交接箱和主要分线盒位置新增引上管，各出土管道引上管设置在沿街建筑物后，通过线缆穿放在管道的方式进行架空线缆上改下。

具体施工方案为：主次干道新建管道与原有运营商的管道进行沟通，在各光交接箱和主要分线盒位置新增引上管；在主要路口和架空线缆密集横跨主次干道的位置新建跨路管道，供布放跨路线缆使用；在原有光交箱位置新建多合一光交箱，光分纤箱由各运营商协商统一建设，或者在政府指导下的指定位置自行安装建设；从光交到光分纤箱重新布放配线光缆，主干光缆由各通信运营单位自行布放；入户光皮线由各通信运营单位自行割接；线缆割接完成后，将原有水泥杆、架空线缆、钢绞线、挂钩、拉攀等全部拆除。

案例（如图 5-2 所示）

乡镇：金华市义乌市佛堂镇

场景：双林路支路

（1）整治前

（2）整治后

图 5-2　双林路支路“线乱拉”治理前后对比

整治方式：地埋入地

施工单位：中国通信服务浙江公司金华分公司

2. 沿墙走线

光分纤盒处线缆多而密集，适宜采用沿墙走线的方式进行综合治理。

具体施工方案为：将管道出土引上管设置在建筑物背面或者侧面；归并从光交接至光分纤盒的小芯数光缆，沿墙钉固新敷设大芯数光缆，去除入户线飞线，入户线进行统一路由竖直钉固，再对路由上的线缆进行统一捆扎、梳理，尽量做到横平竖直、美观。

案例（如图 5-3 所示）

乡镇：金华市婺城区竹马乡

场景：竹马馆老街

（1）整治前

（2）整治后

图 5-3　竹马馆老街“线乱拉”治理前后对比

整治方式：沿墙走线、地埋入地

施工单位：中国通信服务浙江公司金华分公司

案例（如图 5-4 所示）

乡镇：金华市义乌市佛堂镇

场景：双林路

（1）整治前

（2）整治后

图 5-4　双林路“线乱拉”治理前后对比

整治方式：归并散线 / 线缆序化

施工单位：中国通信服务浙江公司金华分公司

二、老旧小区治理施工方法

老旧小区的“线乱拉”整治施工场景包括以下 4 种：①架空线缆上改下；②新建线槽；③吊线合并；④线缆整理。

1. 架空线缆上改下

对有管道、有施工条件的老旧小区，可采用小区内新建管道，在各单元口新增引上点，线缆穿放在管道或楼道内的方式对小区内进行架空线缆上改下。

具体施工方案为：小区内新建管道与各单元楼沟通，在各单元口新增引上点，小区内新建的管道需与红线外各运营商的管道沟通；各单元楼道内打穿楼层板从上往下钉固塑料管或槽道供布放线缆用；小区内新增多合一光交，各单元新增多合一光分纤箱；从光交到光分纤箱重新布放配线光缆，主干光缆由各通信运营单位自行布放；从光分纤箱到每户住户门口穿放预留两根光皮线，预留光皮线盘留在住房门口安装的过路盒内；入户光皮线由各通信运营单位自行割接；待小区内线缆割接完成后，将原有架空线缆、钢绞线、挂钩、拉攀等全部拆除。

案例（如图 5-5 所示）

乡镇：金华市义乌市后宅街道

场景：德胜小区

（1）整治前

图 5-5 “线乱拉”治理前后对比

（2）整治后

图 5-5　（续）

整治方式：地埋入地

施工单位：中国通信服务浙江公司金华分公司

2. 新建线槽

老旧小区建设年代久远，房屋布局不合理，房屋周边有污水管道、自来水管道、天然气管道，无适合的管位建设通信管道，为了解决小区内部通信线路“线乱拉”问题建议建设通信线槽。

在小区内部主要道路新建通信管道，并与外部管道沟通，在房屋侧面新建引上点；在房屋背面新建水平塑料 PP 线槽，并与引上点对接；在每层楼道外两侧新建垂直 PP 线槽，用于固定垂直布放的用户线，并与水平线槽对接；线槽颜色选择尽量与房屋外立面颜色相接近，避免突兀，线槽安装前期须与政府相关部门相协调，与小区环境整治部门工作相统一；新建皮线共享箱，用户线从各单位皮线箱引出，经 PP 线槽固定布放至各用户室内，用户线引入室内时打洞引入或由原有洞口引入，尽量不飞线。

用户接入线路整治，建议由一家单位进行统一建设和整治。

案例（如图 5-6 所示）

乡镇：金华市义乌市后宅街道

场景：德胜小区

（1）整治前

（2）整治后

图 5-6　德胜小区“线乱拉”治理前后对比

整治方式：新建线槽

施工单位：中国通信服务浙江公司金华分公司

3. 吊线合并

对于一些老旧小区没有条件新建管道、墙面情况复杂不适合新建线槽，且墙面有多条吊线的情况，可采用吊线合并的方式进行架空线缆整治。

案例（如图 5-7 所示）

乡镇：金华市浦江县郑宅镇

场景：冷水村

（1）整治前

（2）整治后

图 5-7　冷水村“线乱拉”治理前后对比

整治方式：吊线合并

施工单位：中国通信服务浙江公司金华分公司

4. 线缆整理

对小区墙壁架空弱电线路做整体的调整和整理，对原有多条小芯数光缆的路由沿墙钉固新敷设大芯数光缆替换，对于杂乱的入户线飞线重新布放割接，进行统一路由竖直钉固，再对路由上的线缆进行统一捆扎、梳理，尽量做到横平竖直、美观。

案例（如图 5-8 所示）

乡镇：金华市义乌市赤岸镇

场景：尚阳村老街

（1）整治前

（2）整治后

图 5-8　尚阳村老街“线乱拉”治理前后对比

整治方式：线缆整理

施工单位：中国通信服务浙江公司金华分公司

三、沿街商铺治理施工方法

结合小城镇环境综合整治对于沿街立面和沿街空间的改造，沿街商铺的“线乱拉”整治施工场景包括以下两种：①线缆沿墙走线；②新建线槽。

1. 线缆沿墙走线

沿街商铺存在较多的入户线缆，以下问题较为突出：光分纤箱布放杂乱；箱盒型号不一；箱盒未做安装固定；线缆未做绑扎；入户飞线等问题。为了解决沿街商铺“线乱拉”问题，可对线缆进行沿墙走线改造。

具体施工方案为：新建支路管道与主次干道新建管道或原有运营商的管道进行沟通，在沿街商铺建筑侧面离街面 10 ～ 15 米处设置引上管，引上管设置处应较为隐蔽，并预留光分纤箱位置；在原有光交箱位置新建多合一光交箱，光分纤箱由各运营商协商统一建设，或者在政府指导下的指定位置自行安装建设，并结合沿街商铺的立面改造对光分纤箱进行美化；从光交到光分纤箱重新布放配线光缆，主干光缆由各通信运营单位自行布放；入户光皮线由各通信运营单位自行割接；线缆割接完成后，将废旧的光分纤箱、架空线缆、钢绞线、挂钩、拉攀等全部拆除。

案例（如图 5-9 所示）

乡镇：金华市浦江县岩头镇

场景：人民路

（1）整治前

（2）整治后

图 5-9　人民路“线乱拉”治理前后对比

整治方式：沿墙走线

施工单位：中国通信服务浙江公司金华分公司

2. 新建线槽

各乡镇沿街商铺多以自建房为主，较为密集，建筑布局存在一定的不合理性，商铺周边线缆主要为入户线缆，为了解决小区内部通信线路“线乱拉”问题建议建设通信线槽。

在商铺建筑侧面新建引上点；在建筑背面或者侧面新建水平塑料 PP 线槽，并与引上点对接；在每层道楼外两侧新建垂直 PP 线槽，用于固定垂直布放的用户线，并与水平线槽对接；线槽颜色选择尽量与房屋外立面颜色相接近，避免突兀，线槽安装前期须与政府相关部门相协调，与小区环境整治部门工作相统一；新建皮线共享箱，用户线从各单位皮线箱引出，经 PP 线槽固定布放至各用户室内，用户线引入室内时打洞引入或由原有洞口引入，尽量不飞线。

案例（如图 5-10 所示）

乡镇：金华市义乌市后宅街道

场景：德胜路

（1）整治前

图 5-10　德胜路“线乱拉”治理前后对比

（2）整治后

图 5-10 （续）

整治方式：新建线槽

施工单位：中国通信服务浙江公司金华分公司

四、小城镇景区治理施工方法

各乡镇景区的“线乱拉”整治施工场景包括以下两种：①景区内进行线缆上改下；②周边道路共杆并线。

1. 景区内进行线缆上改下

充分调研现有管道资源，在现有管道资源的基础上进行弱电管道建设，推进通信基础管道资源共享，可采取收购、置换、整合等方式利用现有资源，避免重复建设。

具体施工方案为：景区内新建管道与原有运营商的管道进行沟通，在各光交接箱和主要分线盒位置新增引上管；在主要监控点位和架空线缆密集横跨景区道路的位置新建跨路管道，供布放跨路线缆使用；在原有光交箱位置新建多合一光交箱，光分纤箱由各运营商协商统一建设，或者在政府指导下的指定位置自行安装建设；从光交到光分纤箱重新布放配线光缆，主干光缆由各通信运营单位自行布放；入户光皮线由各通信运营单位自行割接；线缆割接完成后，将原有水泥杆、架空线缆、钢绞线、挂钩、拉攀等全部拆除。

案例（如图 5-11 所示）

乡镇：金华市浦江县岩头镇

场景：人民路房屋立面

（1）整治前

（2）整治后

图 5-11　人民路房屋立面“线乱拉”治理前后对比

整治方式：地埋入地

施工单位：中国通信服务浙江公司金华分公司

2. 景区周边道路共杆并线

结合景区规划建设和旅游热点村的开发，推进杆路共建共享机制，从根本上解决景区周边道路杆线杂乱无序的问题。

"共杆并线"具体施工方案参考第四章第五节"吊线合并"部分的内容。

案例（如图 5-12 所示）

乡镇：金华市浦江县岩头镇

场景：黄大线

（1）整治前

（2）整治后

图 5-12　黄大线"线乱拉"治理前后对比

整治方式：共杆并线

施工单位：中国通信服务浙江公司金华分公司

五、步行街治理施工方法

各乡镇步行街施工场景有以下两种方式：①架空线缆上改下；②沿墙走线。

1. 架空线缆上改下

具体施工方案为：步行街内新建管道与原有运营商的管道进行沟通，在各光交接箱和主要分线盒位置新增引上管；在主要监控点位和架空线缆密集横跨景区道路的位置新建跨路管道，供布放跨路线缆使用；在原有光交箱位置新建多合一光交箱，光分纤箱由各运营商协商统一建设，或者在政府指导下的指定位置自行安装建设；从光交到光分纤箱重新布放配线光缆，主干光缆由各通信运营单位自行布放；入户光皮线由各通信运营单位自行割接；线缆割接完成后，将原有水泥杆、架空线缆、钢绞线、挂钩、拉攀等全部拆除。

案例（如图 5-13 所示）

乡镇：金华市义乌市佛堂镇

场景：老街入口

（1）整治前

图 5-13 佛堂镇老街入口“线乱拉”治理前后对比

（2）整治后

图 5-13 （续）

整治方式：地埋入地

施工单位：中国通信服务浙江公司金华分公司

2. 沿墙走线

步行街一般较为繁华，建筑物林立，且宽带接入用户较多，存在较多的入户线缆，为了解决步行街的“线乱拉”问题，可对线缆进行沿墙走线改造。

具体施工方案为：新建支路管道与主次干道新建管道或原有运营商的管道进行沟通，在建筑侧面离街面或者背面处设置引上管，引上管设置处应较为隐蔽，并预留光分纤箱位置；在原有光交箱位置新建多合一光交箱，光分纤箱由各运营商协商统一建设，或者在政府指导下的指定位置自行安装建设，并结合沿街商铺的立面改造对光分纤箱进行美化；从光交到光分纤箱重新布放配线光缆，主干光缆由各通信运营单位自行布放；入户光皮线由各通信运营单位自行割接；线缆割接完成后，将废旧的光分纤箱、架空线缆、钢绞线、挂钩、拉攀等全部拆除。

案例（如图 5-14 所示）

乡镇：金华市浦江县岩头镇

场景：人民路

（1）整治前

（2）整治后

图 5-14　岩头镇人民路“线乱拉”治理前后对比

整治方式：沿墙走线

施工单位：中国通信服务浙江公司金华分公司

六、公共建筑治理施工方法

乡镇公共建筑如政府大楼、便民服务中心、学校、医院，结合“线乱拉”整治中的实际情况，可以区分为新型建筑和老旧建筑，其中老旧建筑建设年代久远，未配备弱电井，楼内弱电线缆较为杂乱，施工场景有以下两种方式：①新建线槽；②沿墙走线。

1. 新建线槽

结合管道建设在房屋侧面新建引上点；在房屋背面新建水平塑料 PP 线槽，并与引上点对接；在每层道楼外两侧新建垂直 PP 线槽，用于固定垂直布放的用户线，并与水平线槽对接；线槽颜色选择尽量与房屋外立面颜色相接近，避免突兀，线槽安装前期须与政府相关部门相协调，与小区环境整治部门工作相统一；新建皮线共享箱，用户线从各单位皮线箱引出，经 PP 线槽固定布放至各用户室内，用户线引入室内时打洞引入或由原有洞口引入，尽量不飞线。

案例（如图 5-15 所示）

乡镇：金华市义乌市后宅街道

场景：后宅街道办公楼

（1）整治前

图 5-15　后宅街道办公楼“线乱拉”治理前后对比

（2）整治后

图 5-15　（续）

整治方式：新建线槽

施工单位：中国通信服务浙江公司金华分公司

2. 沿墙走线

对公共建筑墙壁架空弱电线路进行综合治理，归并小芯数光缆，沿墙钉固新敷设大芯数光缆，去除入户线飞线，进行统一路由竖直钉固，再对路由上的线缆进行统一捆扎、梳理，尽量做到横平竖直、美观。

案例（如图 5-16 所示）

乡镇：金华市婺城区竹马乡

场景：东宅村委办公楼路口

（1）整治前

（2）整治后

图 5-16　东宅村委办公楼路口“线乱拉”治理前后对比

整治方式：沿墙走线、线缆整理

施工单位：中国通信服务浙江公司金华分公司

七、乡镇间治理施工方法

乡镇与乡镇之间的道路沿线两侧传输线缆，以“共杆并线”整治为主，主要有以下两种施工模式：（1）利用现有杆路共杆并线；（2）新建杆路共杆并线。

1. 利用现有杆路共杆并线

案例（如图 5-17 所示）

乡镇：金华市义乌市大陈镇

场景：杜门村

（1）整治前

（2）整治后

图 5-17　杜门村“线乱拉”治理前后对比

整治方式：利用杆路、共杆并线

施工单位：中国通信服务浙江公司金华分公司

2. 新建杆路共杆并线

包括电杆安装和拉线安装。

案例（如图 5-18 所示）

乡镇：金华市义乌市大陈镇

场景：杜门村

（1）整治前

（2）整治后

图 5-18　杜门村“线乱拉”治理前后对比

整治方式：新建杆路、共杆并线

施工单位：中国通信服务浙江公司金华分公司

八、乡镇与村落间治理施工方法

乡镇与行政村之间的道路沿线两侧传输线缆，以“杆线序化”整治为主，有条件的地方，如新农村、旅游热点村以“共杆并线”建设方式为主。

杆线序化

（1）对现有杆路应进行必要的整治美化，包括杆路扶正、拆除废弃吊线和其他杂物、拆除废弃电杆、吊线收紧、吊线升高、补齐挂钩、弱强电线交越防护、杆路编号等。

（2）对架空线缆进行梳理，拆除废旧光（电）缆，归并整理杂乱无序的线缆，消除低垂松垮线缆。

案例（如图 5-19 所示）

乡镇：金华市义乌市城西街道

场景：何斯路村

（1）整治前

图 5-19　何斯路村“线乱拉”治理前后对比

（2）整治后

图 5-19 （续）

整治方式：杆线序化

施工单位：中国通信服务浙江公司金华分公司

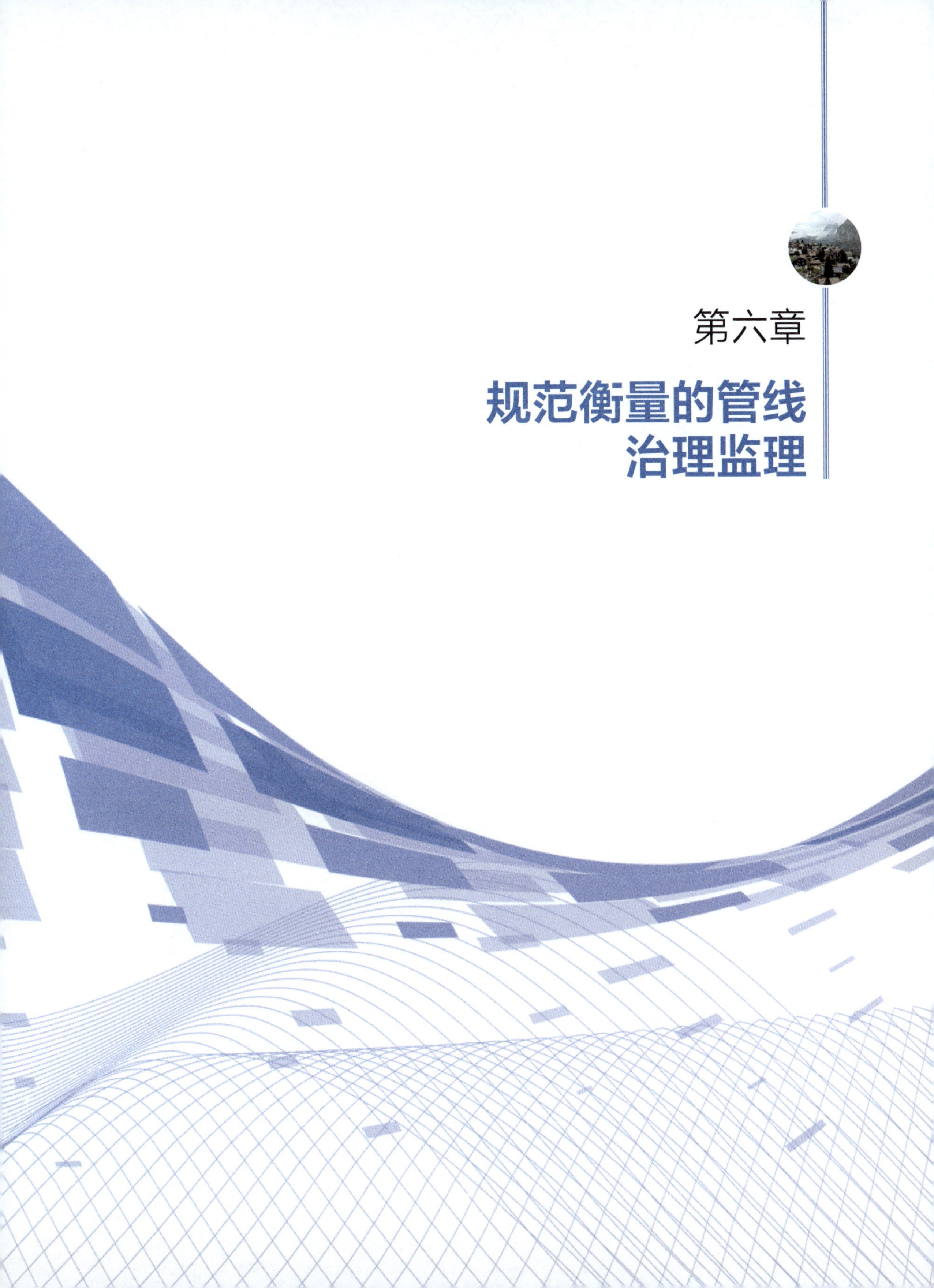

第六章

规范衡量的管线治理监理

第一节　管线治理监理的作用

监理工作控制各地“线乱拉”治理的工程建设规范性及安全性，同时加快推进“线乱拉”项目的实施，起到监督控制工程质量、进度、投资的作用。

第二节　管线治理监理的目标

（1）投资控制目标：不超过工程概 / 预算。

（2）质量控制目标：确保本项工程质量一次性验收合格。

（3）进度控制目标：将工程各方确认的计划工期作为完成项目建设进度控制的工作目标。

（4）安全文明控制目标：确保无重大安全责任事故。

第三节　管线治理监理的团队

根据工程的特点采用直线智能制监理组织形式，便于监理工作的开展，如图 6-1 所示。

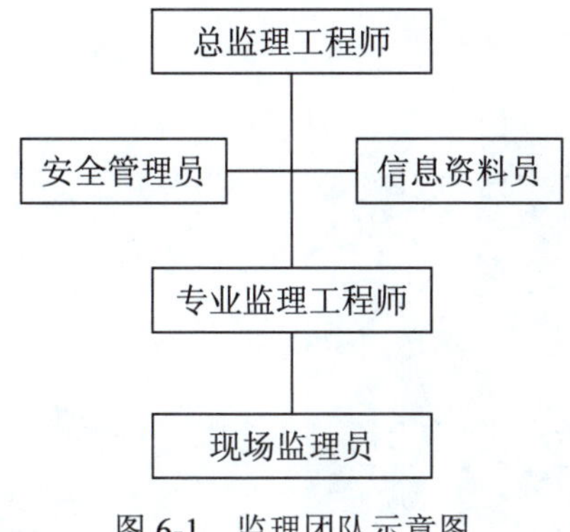

图 6-1　监理团队示意图

第四节　管线治理的监理关键点和案例

一、入户线缆架设的监理关键点

（1）重点区域不得有入户飞线，背街小巷尽可能减少或者缩短入户飞线。拆除现有各种废弃入户飞线。

（2）管道内入户线应贴边固定，绑扎整齐，不得零乱散放。外墙上入户线，应尽可能远离街道、路边，且采用横平竖直予以固定；布放在街道、路边的入户线，应尽可能采取美化措施（如加装塑料管或者槽道等）。

（3）确须从管道或杆路上直接引线入户的，应尽可能收紧线缆、排列整齐、固定牢固，确保美观大方。

入户线整治案例（如图 6-2 所示）

（1）整治前

（2）整治后

图 6-2　入户线整治前后对比

二、墙壁线缆的监理关键点

对于公共建筑外墙的墙壁线缆，若是吊线式墙壁线缆，尽量采用吊线合并的方式（拆除多余吊线、拆除吊线固定装置、收紧松垮处、补齐光缆挂钩等），并将原有墙壁线缆进行整体平移；若是钉固式墙壁线缆，尽可能采用横平竖直方式予以固定，有必要的地方可增加塑料线槽，以达到保护及美观作用。

三、箱盒安装的监理关键点

部分公共建筑分纤箱安装位置过于明显，线缆进出杂乱无章，且由于多家运营商的进入，分纤箱数量众多，影响美观。对于此类情况，尽量把分纤箱（盒）应安装在墙角或者地下室，以利于线缆隐蔽布放入户。在楼道内，尽量采用三合一的分纤箱，达到整体美观，统一入户线缆的要求。

三网合一入户线改造工程监理案例（义乌市义亭镇）（如图 6-3 所示）

（1）改造前——墙壁上安装多个分纤盒，墙壁线缆多而乱

（2）改造后——采用三网合一分纤箱，线路整治后整齐美观

图 6-3　三网合一入户线改造前后对比

四、管道敷设的监理关键点

（1）充分利用现有管道，将架空光缆改为管道敷设方式。

（2）弱电、强电管道须分开敷设，且与市政管道和其他专业管道保持必要的安全距离。管孔须标识清楚、产权明晰。

（3）弱电新建管道应以共建方式为主，统一规划、统一建设、统一投入使用，避免重复建设。各地可立足实际，采用同沟同井方式或同沟不同井方式。

（4）弱电引上管道、强电接户管道须分开敷设，并应尽可能延伸至背街小巷或小区。各弱电运营单位应尽可能采用统一材料、统一规格、统一长度的引上管，且排列整齐、固定牢固，确保美观大方。

管道工程监理案例（义乌市苏溪镇、上溪镇）

施工前做好安全技术环境交底，管道开挖时，现场做好安全防护措施。如图 6-4 所示。

图 6-4　管道工程监理

施工现场要求设置围栏、挡板等防护措施，现场设安全警示标志牌等。如图 6-5 所示。

图 6-5　施工现场防护措施

除了施工现场的安全防护措施外，施工人员的安全措施也要到位，要佩戴安全帽、反光背心等。如图 6-6 所示。

图 6-6　施工人员的安全措施

项目总监理工程师或专业监理工程师不定期对现场进行抽检，对存在质量问题的及时进行指正，并要求现场监理人员督促施工方落实整改，形成闭环的控制方式。如图 6-7 所示。

图 6-7　抽检施工现场

管道敷设质量必须符合设计要求。埋深要求人行道下不应小于 0.7 米，在车行道下不应小于 0.8 米。如图 6-8 所示。

图 6-8　敷设管道

管道敷设质量要求，管道基础包封应符合设计要求，包封厚度一般为 8 ～ 10 厘米。如图 6-9 所示。

图 6-9　管道基础包封

小城镇整治线乱拉监理成果（如图 6-10 所示）

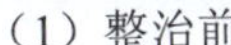

（1）整治前

（2）整治后

图 6-10　线乱拉整治线路上改下前后

（1）整治前

（2）整治后

图 6-10　（续）

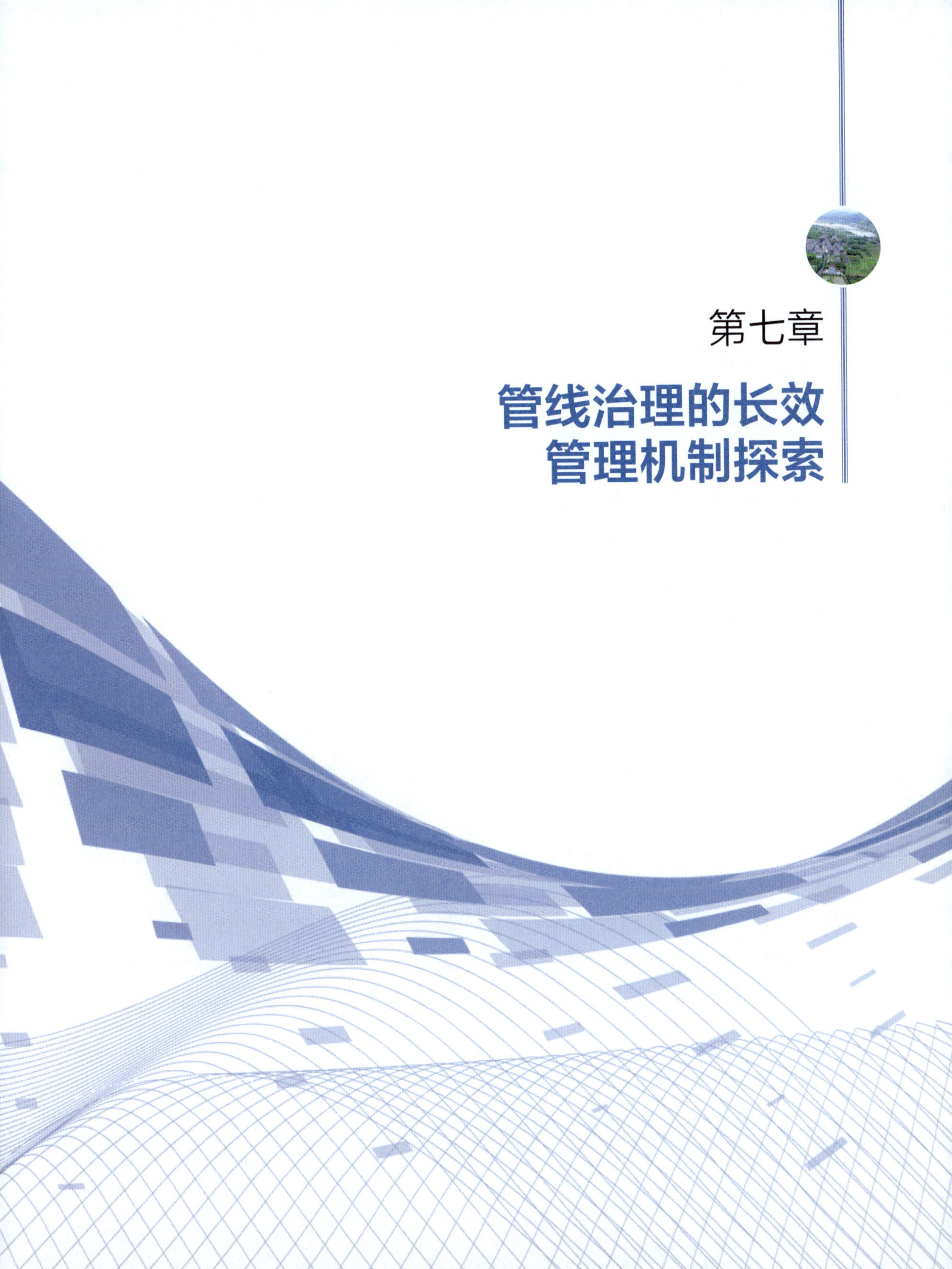

第七章

管线治理的长效管理机制探索

第一节　长效管理的思路方向

在推进小城镇“线乱拉”治理的同时，更要着重建立健全长效的管理机制，以巩固治理取得的成果，保障各类强弱电管线建设有序，改善小城镇空间环境质量，积极有效地杜绝“线乱拉”现象回潮。

各地因地制宜建立强弱电管线基础设施运维机制，鼓励全县域委托一家具备设计、施工和维护等全过程功能的单位负责日常运维。各线缆权属单位要健全线缆运维机制，鼓励实行全县域统一运维。支持在县域范围内成立一家由当地政府主导、产权清晰、责任明确并具备相应资质和能力的单位，参与管线日常运维。管线日常运维所需经费由权属单位各自承担，线缆权属单位要向相关强弱电管线基础设施权属单位缴纳资源占用费。

各乡镇宜建立地下管道管理系统：采用 BIM 等新技术直观地显示地下管线的空间层次、位置、形状、走向以及人手井结构和周边环境。提供后期管道排管、人手井占用情况、位置等信息的查找，以便对综合管线以标准化的方式进行管理。

智慧管网系统以“绿色、科学、安全”为目标导向，综合利用云计算、物联网、大数据、地理信息等技术，统筹采集地下管线实体与实时运行数据，构建综合管网数据中心，实现地下管网的长效管理。

智慧管网系统主要包括以下 3 大功能。

（1）管网数据三维可视化功能。以小镇为场景，系统将区域内的污水管、生活供水管、电缆、弱电光纤等相关资源，以及供水管上的阀门、支撑架等细节，通过“一张图”

进行全景展示，并可通过场景漫游，进行管网透视漫游。

（2）管网运行状态监控功能。通过铺设各类专业的传感器设备，获取管网的运行状态参数，以及所有传感器设备本身运行状况。例如，与管网相关的气象、水质等。使小城镇管网的管理、运维部门能够方便地定位其中的管道，掌握地下管网的实时运行状态。

（3）管网审批管理功能。小城镇政府将作为管理主体建立统一长效的管理流程，包括新建、改造管网的申请、提交、审核批复、自动入档等业务流程。避免“先整后乱”，为小镇的长效规范管理提供强有力的保障。

系统能够为政府带来巨大的经济和社会效益。

（1）解决传统管线信息的数据孤岛问题，搭建统一平台，实现了各专业管线的数据管理、动态更新和共享交换，为市政规划、市政建设提供了有力的决策依据。

（2）系统注重长效管理，为管理、运行和维护等方面提供全方位的应用服务。

（3）系统通过数据监测、碰撞监测等大数据分析，能够预测并减少管线施工、运行中的错挖、爆管等事故，保护老百姓的生命财产安全。

第二节　长效管理的系统架构

地下管网管控系统总体架构如图 7-1 所示。底层是各类基础设施。基础设施分为两类，一类是各类管道，包括通信管道、电力管道、供水管道、燃气管道等；另一类是管道监控所需的设施，如视频监控、液面传感器、气体传感器等。通过这些基础设施，将管道的地理信息、管道属性等基本信息，以及物联网设备所收集到的管道运行状态信息进行全方位的采集，汇集到管控平台。管控平台通过运行监控、通讯平台、信息接报台、综合管理服务、调度指挥中心等的融合应用，为管理者提供管理手段，为运营者提供服务方式，为小镇居民提供安全保障。

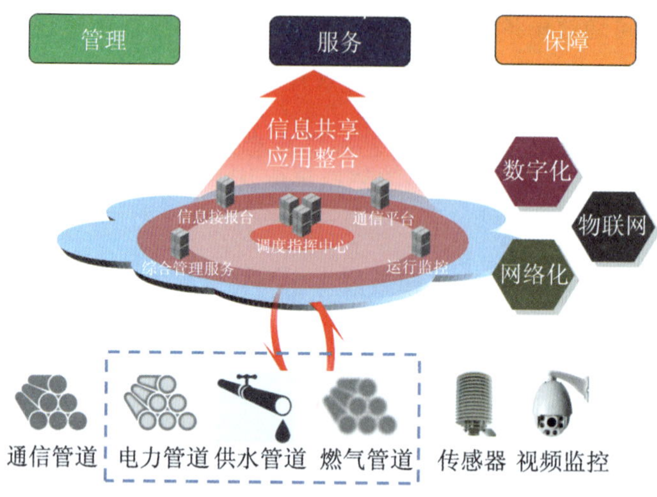

图 7-1 地下管网管控系统总体架构图

第三节 长效管理的系统功能

地下管网监管系统功能设计以物联网技术为基础架构，结合三维 GIS 可视化平台，对燃气、自来水、热力、排水等各种管线及管井运行状态以及环境情况进行实时监测，主要监测水压、水位、温度、汽压、气体浓度等指标，并结合巡检及各管线单位现有应用系统，建立公共安全隐患预警模型。发现隐患后，启动隐患处置流程，及时排查；一旦发生事故，立即启动公共安全应急预案，调动各种救援资源；并通过统一的公共服务门户为决策者、支撑服务者、参与者提供服务，从而实现决策科学、服务高效，降低城市安全事故，提升应急保障能力。

融合 GIS 与三维虚拟现实技术的数字管网三维可视化引擎技术：突破地下管网可视化管理技术难点，融合 GIS 与三维虚拟现实引擎技术实现数字管网可视化三维管理平台，使得整个管网具备一个统一的、方便的管理平台，被监测对象与数据可以直观地展示在统一的平台之上。

1）三维管网可视化管理功能

系统可以维护与渲染管网三维地理空间信息管理，具备可视化、参数化三维建模能力以及强大的空间分析功能。

基本操作主要包括数据加载——加载三维模型数据；基本操作——实现放大、缩小、漫游等基本操作功能；打印功能——对专题图、三维图进行打印；保存工具——对数据、图片进行保存。

可视化模块主要包括地理环境可视化——叠加遥感影像、数字高程模型；地形地貌可视化——实现坡度、等高线等地形地貌可视化。

测量功能主要包括距离测量——两点之间的距离测量；面积测量——相应面积的测量。

数据加载包括矢量数据加载——对矢量数据进行加载；栅格数据加载——对栅格数据进行加载。

空间分析模块包括剖面分析——对剖面进行分析；通视分析——对任意两点进行通视分析。

地下三维模块包括地下展示——对地下情况进行展示。

2）管网运行状态监控功能

建立数字管网地理信息系统的三维空间数据库，将基础地理信息，各种管线、管件空间信息及其多层次的属性信息，分层、分类地进行一体化的存储管理，实现三维空间数据的海量存储和管理。

管网监测智能传感设备：采集地下管网系统的重要信息参量，如温度、管网压力、窨井可燃气体浓度、窨井液位等信息，并对这些信息做简单数据处理和存储，并通过远端接入装置可靠地传输到数据平台。监测指标包含液位、管道压力、温度、CH_4 浓度、H_2S 浓度、CO 浓度、井盖防盗等。

3）管网审批管理功能

数据监理与入库。通过网管运营单位提交标准格式管网资料，然后通过坐标系转换、格式转换、属性转换，将其转换成标准数据，然后由数据监理进行拓扑检查、属性核查、综合检查，最后数据入库并进行数据网管共享。

管网数据入库更新。管网运营单位按照管线数据标准规范提交原始资料，数据入库人员通过相应功能完成管线的转换、核查、入库工作，最终实现各类管网和管网设备数据的动态更新。

管线电子报批。管线数据报批模块用于导入规划设计数据、外业探测和竣工测量成果数据、各管线权属单位管线数据，并根据制定的数据标准进行数据完整性和一致性检查，实现内外业一体化的工作流程和图库联动机制，完成地形图和管线图图形生成及着色与符号标准化、图形与属性关联，获得满足制图及管理要求的数据。

如图 7-2 所示为地下管网管控平台，通过该平台可实现小镇地下管道资源的有效管理，持久保持“线乱拉”的整治成果，提升小镇管理水平。

图 7-2　地下管网管控平台

第四节　智慧城管的创新应用

智慧城管是新一代信息技术支撑、知识社会创新 2.0 环境下的小城镇管理新模式，通过新一代信息技术支撑实现全面透彻感知、宽带泛在互联、智能融合应用，推动以用户创新、开放创新、大众创新、协同创新为特征的以人为本的可持续创新。智慧城管是实现小城镇长效管理的主要方式，也是智慧小镇的重要组成部分。

以浙江省为例，在小城镇环境综合整治过程中，要统筹结合乡镇“四个平台”建设要求，推进乡镇智慧城管建设，打破现有传统的乡镇管理模式，形成大城管格局，有效改善乡镇居民生活环境，使乡镇管理走向数字化、科技化：一方面提高各部门在乡镇管理方面的办事效率，节约管理成本；另一方面方便居民参与管理，树立乡镇政府为民服务的良好形象。

乡镇应根据“四个平台”的建设需要，因地制宜地选择智慧城管平台建设方案，提高管理水平。

一、自建平台模式

省级中心镇或条件允许镇可自行建设乡镇级智慧城管平台，成立单独的智慧城管中心，自建平台应与县（市、区）平台进行信息对接、资源共享。智慧城管平台主要分为核心业务系统、基础服务系统和拓展应用系统 3 个部分。核心业务系统包括监管数据无线采集子系统、监督中心受理子系统、协同工作子系统、监督指挥子系统、综合评价子系统、地理编码子系统、应用维护子系统、基础数据资源管理子系统、数据交换子系统。基础服务系统包含视频监控系统、视频智能分析系统、智能化采集系统、专项普查系统、可视化管控系统、案件智能流转系统、应急指挥系统、公共服务系统、城管大数据平台等。拓展服务系统包含综合执法、智慧环卫、智慧水务、违法建房监管等。

成立专职的信息采集队伍，可以由县（市、区）智慧城管中心管理或乡镇自管，开展乡镇区域内各类影响乡镇容貌问题的日常督查考核工作。在“道乱占”等易发路段设置智能型、高像素监控摄像机，实现自动捕捉并报警，便于智慧城管中心快速通知路面人员进行处置。同时，要统筹“四个平台”建设中综合执法平台，将街（路）面视频、图片等数据自动推送至县（市、区）智慧城管中心平台，以便于对乡镇开展考核。

二、共用平台模式

一般乡镇可共享使用县（市、区）智慧城管已建平台，县（市、区）智慧城管平台为乡镇设立分平台，主要功能包含智慧城管平台的核心系统和一些可向乡镇开放的信息数据。有条件的乡镇应根据自身实际，在县（市、区）智慧城管平台的基础上，拓展服务功能。县（市、区）智慧城管中心将乡镇作为信息采集覆盖区域，派遣信息采集员进行信息采集，将街面管控情况及发现的问题报送县（市、区）智慧城管平台交办责任乡镇进行整改和考核。乡镇要在“道乱占”易发路段设置智能型、高像素监控摄像机，将街（路）面视频、图片等数据直接推送至县（市、区）智慧城管中心平台，以便对乡镇开展考核。

第八章

未来智慧小镇的畅想

智慧小镇在广义上是指小城镇信息化，是智慧城市的延伸，在基础设施、资源管理、民生服务等方面，充分利用互联网、物联网和大数据分析等新技术、新手段，通过建设宽带多媒体信息网络、地理信息系统等基础设施平台，整合小城镇信息资源，对小镇居民生活、工作进行集成和应用，为民众提供一个更便捷的生活和工作环境，为企业创造一个更有力的商业发展环境，为政府构建一个更高效的小城镇管理环境。

第一节　智慧小镇建设概述

一、智慧小镇的政策背景

2016 年 7 月 21 日，住房城乡建设部、国家发展改革委、财政部联合发出的《关于开展特色小城镇培育工作的通知》提出，到 2020 年，培育 1000 个左右各具特色、富有活力的休闲旅游、商贸物流、现代制造、教育科技、传统文化、美丽宜居等特色小镇。“十三五”规划纲要和《关于深入推进新型小城镇化建设的若干意见》提出要深入推进以人为核心的新型小城镇化。《国家新型小城镇化规划（2014—2020 年）》提出实现城乡基本公共服务均等化，打造宜居环境，传承历史文脉。《关于在湖泊实施湖长制的指导意见》中提出在 2018 年年底前在湖泊全面建立湖长制。

目前，我国智慧小镇主要是以“特色小镇”的形式发展，其要求是环境美丽宜居、产业丰富，集休闲旅游、金融、商贸物流、现代制造、教育科技、传统文化等多种业态为一体。

智慧小镇对小镇居民在生活工作、企业经营发展和政府日常管理过程中的相关活动，实现感知、分析、集成和应对，为民众提供一个更加便捷的生活和工作环境，为企业创造一个更加有利的商业环境，为政府构建一个更加高效的小城镇地理环境，逐步实现小城镇居民经济和社会的信息化，共享信息化资源。智慧小镇将人与人之间的通信扩展到了机器与机器之间的通信，通信网 + 互联网 + 物联网构成了智慧小镇的基础通信网络，并在通信网络上叠加小城镇信息化应用。

智慧小镇引领的新型城市化是对传统小城镇发展的扬弃，它是低碳、智慧、幸福及可持续发展的城市化，是以人为本、质量提升和智慧发展的城市化。推动智慧小镇有两个重要的驱动力，一是以物联网、云计算、移动互联网为代表的新一代信息技术；二是知识社会环境下逐步孕育的开放的城市创新生态。前者是技术创新层面的技术因素，后者是社会创新层面的社会经济因素。由此可以看出创新在智慧小镇发展中的重要驱动作用。

智慧小镇建设有助于进一步完善小镇基础设施和公共服务设施，明确小镇特色的定位、突出产业发展重点、优化空间人居环境，创新小镇发展的机制体制。

二、智慧小镇建设的要求与意义

建设要求

智慧小镇的建设是新型小城镇化建设的重要组成部分。由于传统的镇域经济发展动力不足，处于价值链低端，需要嵌入信息的创新元素和发展动力。智慧小镇的建设有助于破解经济结构转化和动力转换的现实难题，是推动经济转型的重大战略选择。不同于智慧城市的建设，智慧小镇的产业定位不是大而全，而是力求特而强；功能叠加不是散而弱，而是力求聚而合；建设形态不是大而广，而是力求精而美；制度供给不是老而僵，而是力求活而新。智慧小镇建设需要重点解决以下几个方面的问题。

（1）镇容镇貌保护。在小镇违法用地、违法建设、违法开发“三违”及垃圾乱扔、摊点乱摆、车辆乱停、乱堆挖、乱拉挂、乱贴画“六乱”方面研究长效管理机制。

（2）小镇危害源的预警及处置。部分小镇由于地域原因具有自然灾害（如山洪、泥石流等）的监测预警需求，以减少小镇人、财、物的损失。

（3）“五水共治”长效管理。利用最新的物联网传技术进行自动监测，覆盖小镇网格员巡查的盲区，成为河长制的助手。

（4）管网管理。在“线乱拉”治理工作完成后，在管道管理及管网审批管理方面建立长效管理平台。

（5）小镇设施管理。通过物联网对小镇的各类市政设施进行有效监控，包括路灯、井盖、消防设施等，实现统一管控。

建设意义

当前，全球经济增长方式正在深度调整，国内经济增长的条件和动力正在发生深刻变化，资源约束不断强化，要素成本不断上升，我国面临加快发展和加速转型的双重压力。另外，社会结构深刻变化，社会矛盾明显增多，统筹发展的任务更加繁重，社会建设和管理面临许多新的课题。

通过智慧小镇的建设，可解决经济社会发展带来的技术问题、民生问题、管理问题、资源约束趋紧问题，从而释放经济增长潜力、改善生态环境。

三、智慧小镇建设现状与趋势

发展现状

智慧小镇是复杂的小城镇系统，智慧小镇建设是一个渐进式的过程，建设时间可能需要两三年，有些小城镇需要十年甚至更久。国内在建设智慧小镇的小城镇中，既可以全面推进，也可以重点突破，需要根据当地实际情况进行小城镇诊断，通过全方位判断小城镇的发展现状、分析小镇的基础优势和特色需求，有针对性地分类推进小城镇智慧化建设，以实现智慧小镇建设和城市既定发展战略目标的统一。

目前，各地智慧小镇的建设各有侧重，推进方式主要有以下几种。

（1）创新推进智慧小镇建设，将建设智慧小镇作为提高城市创新能力和综合实力的重要途径。

（2）把建设智慧产业作为智慧小镇建设的核心，大力发展物联网、电子信息、智能装备等产业，推动产业转型升级和发展，支撑智慧小镇建设。

（3）以发展智慧管理和智慧服务为重点，立足民生、服务民生，以无线传感网、射频识别、信息技术应用为基础，重点实施智慧安全、智慧环保、智慧政务、智慧能源、智慧小镇综合管理等应用工程。

（4）以发展智慧技术和智慧基础设施为路径，建成一批综合交通、安防监控等方面的智慧基础设施，建设综合指挥调度平台、智慧城运、智慧城管等重大工程，提升小城镇运行监测和公共信息服务水平。

（5）以发展智慧人文和智慧生活为目标，以智慧人文为构建智慧小镇提供坚实的智慧源泉，以生态环境、卫生服务、医疗保健、社会保障等为重点建设智慧小镇，提高居民的健康水平和生活质量，打造智慧小镇新样板。

发展趋势

针对国内社会的具体需求，我国未来智慧小镇将在以下 3 个方面进行重点突破。

1）以人为本的民生服务

“以人为本”是智慧小镇建设的核心理念。其内涵是以城市生态系统中的“人”为焦点，最大限度地为城市中的“人”提供医、食、住、行、游、教等全面的细致服务，最终达到使城市居民都享受到安全、高效、便捷、绿色的城市生活的目标。具体来说包括：智慧医疗、智慧家居、智慧社区、智慧交通、智慧旅游等应用系统的建设，以最终实现全面的“智慧民生服务”。

2）集约高效的产业体系

面对日益严峻的国际竞争和资源环境约束，未来在城市产业上应以信息技术与产业融合为手段，加快提升经济发展智能化水平。

从国外已有的经验来看，智慧小镇的建设与发展将催生出一批新生的产业，同时也将促进现有产业快速发展，智慧小镇的发展将以智慧小镇产业为纽带，从而推动整个城市化的良好运转。对于我国而言，智慧小镇建设将直接催生新一代信息技术产业（云计算、大数据、物联网等）的飞速发展，而且也是促进城市产业转型升级的重要契机，将会带动一大批具有广阔市场前景、资源消耗低、产业带动大、就业机会多、综合效益好的产业的发展。从产业催生、产业促进和产业提升的角度来看，智慧小镇产业主要有 4 种形态：新一代信息产业、促进先进制造业、促进智慧农业和提升现代服务业。

3）科学合理的规划管理

在城市中，至少包含了市民、工商组织、政府部门、公共设施（交通、通信等）、环境资源（水、能源等）核心系统，这些核心系统相互联系并且交互利用。在城市化进程飞速发展的今天，以上系统不仅受到了来自各自内部的挑战，还面临相互关联的挑战。应用信息技术手段构建一个综合的行政决策辅助系统，是提升政府部门规划和决策水平的有效方法。

行政决策辅助系统能够使决策者在广泛了解决策所需信息的前提下进行决策，不但能够提高决策的效率还能保障决策结果的合理性、时效性和适应性，从而避免以往靠主观经验进行决策而导致的失误。

四、智慧小镇建设发展方向

1）构建一体化的小城镇信息化软硬件支撑体系

小城镇信息化软硬件支撑体系，包含城市感知网络（有线、无线、卫星）云计算服务中心、城市地理网格中心、城市物件数据中心等范畴。一体化的小城镇信息化软硬件支撑体系的建设，目标是实现智慧小镇信息化建设领域的高起点、可持续和易管理，并为政务信息资源共享和业务联动奠定基础。

2）构建高度整合的公共服务体系

面向公共服务是政府信息化建设要遵循的核心指导思想之一。首先要构建高度整合的公共服务体系。通过向公众提供更加完善和便利的公共服务，便于公众进行信息查询、应用及得到相关的服务，从而达到推动政府职能由管理型向管理服务型转变的目标，为智慧小镇建设提供基础平台。

3）构建高度共享的小城镇政务信息资源体系

建立“智慧小镇”的政务信息资源体系，通过数据交换平台和信息资源目录管理系统的建设构建政务信息资源的数据共享与交换服务平台，实现政务信息资源的统一管理和利用，实现数据共享和业务联动，为各政府部门、企业和社会公众更便捷、准确地提供信息服务。

4）构建快速反应的城市应急管理体系

应急管理是针对自然灾害、事故灾害、公共卫生事件和社会安全事件的过程管理。应急管理体系的建设是指如何利用现有技术手段整合各种应急救援力量及社会服务资源，实现多警种、多部门、多层析、跨地域的统一指挥和联合行动，及时、有序、高效地开展紧急救援或抢险救灾，提高小城镇保障公共安全和处置突发公共事件的能力。

5）构建丰富的小城镇应用体系

首先是行业重点应用系统的建设，如智慧物流等领域。其次，在经过详细的需求调研和业务梳理之后，所辖部门会根据自身实际业务的需要，以及当前形势发展的需求，提出其他新的信息化建设需求，这些系统将逐步纳入到智慧小镇的实施框架中来。

五、智慧小镇的建设目标与原则

建设目标

通过努力使小镇信息产业和信息基础设施得到更快的发展，信息技术、网络技术得到了更广泛应用，智慧化发展、智慧化管理、智慧化生活水平得到了较大提高。具体目标如下所述。

1）完善的基础设施建设

基于小城镇现有的信息化资源，建成小城镇感知网络、云计算服务中心、小城镇地理网格中心、小城镇数据中心等，实现小城镇核心部门间的高速网络联通、数据共享；实现无线宽带网络覆盖情况达到基本覆盖；建成比较完备的空间地理、小城镇物件、人口及宏观经济等基础数据库，实现小城镇区域资源共享，形成较为完善的信息资源共享机制。

2）建成智慧民生服务体系

在基础建设完成的基础上，逐步建立智慧政务、公共查询服务（水、电、个人社保金等）、智慧安全、智慧医疗、智慧教育等面向群众生活的民生服务体系，同时面向群众提供政务公开信息查询、分类信息查询、公交查询、三维浏览和个性信息标注等服务，使智慧小镇的信息化建设惠及千家万户。

3）建成具备创新能力的智慧产业

将信息化与工业化实现高效“两化”融合，更好地融入企业产品研发设计、生产过程控制、产品营销及经营管理等环节，打造区域化发展的智慧物流、智慧农贸等特色产业，提升企业自身的自主创新能力和核心竞争力。

建设原则

（1）顶层规划，统筹建设。采用先进适用的信息技术，高标准规划和统筹建设各领域的智慧项目，有计划、分层次地协调推进。

（2）需求主导，市场运作。以需求为主导，充分发挥市场机制配置资源的基础性作用，探索低成本、实效好的信息化发展模式。

（3）基础共建，资源共享。加快信息化基础网络和信息交换共享平台的建设，通过政府的引导作用，推动集约化建设，加快信息资源的有效整合与共享交换。

（4）立足产业，拓展应用。把培育智慧产业作为建设智慧小镇的立足点，以智慧应用带动产业发展，以产业发展促进智慧应用。

（5）重点突破，示范带动。抓住机遇，找准突破口，先行先试，着力推进智慧产业和重点领域智慧应用建设，以示范和试点带动“智慧小镇”建设整体工作。

（6）开放合作，安全高效。加强对外交流与合作，汇聚全球智慧和资源，更好地为“智慧小镇”建设服务。高度重视信息安全，以安全保发展，在发展中求安全。

第二节　智慧小镇建设总体规划

一、智慧小镇总体框架

智慧小镇的建设可采用如下整体规划。

（1）发展路线：从基础建设逐步延伸成为群众、为企业、为政府服务的智慧民生体系建设。

（2）建设愿景：包括自然生态系统、社会生态系统和经济生态系统 3 大部分，使小城镇达成环境良好、资源节约、社会和谐、民生幸福、产业绿色、信息共享的美好蓝图，使小城镇具备生态系统一般的自我调节和自我完善的能力。

（3）系统组成：由产业体系和应用体系两部分组成。产业体系是供给方，应用体系是需求方，产业体系支撑应用体系运行，应用体系带动产业体系发展，两者相互支撑、相辅相成，共同构成推陈出新、生生不息的智慧小镇生态系统。产业体系是供给方，主要包括民众服务体系、企业服务体系、政府服务体系等。应用体系是需求方，包括基础层、平台层和应用层等几大层次。

（4）运行体系：是指建设过程中的规划、融资、实施、运营等全生命周期过程。

（5）保障措施：包括政策、法规、行业准则，这些措施便于企业的建立和运营，促进上层体系的规范化发展。综合保证措施是整个智慧小镇的基础，保障整个智慧小镇建设的正常运行。

二、智慧小镇建设内容

智慧小镇建设的主要内容包括：互联化的基础设施、便捷化的管理体系、整合化的服务体系、智慧化的人居环境、增值化的智慧产业、特色化的功能应用 6 个方面，其中特色化的功能应用各地需因地制宜地开展建设。

1）构建互联化的基础设施

采集设备广部署。在小镇范围内广泛部署各类信息采集设备（如摄像头、电量采集设备、传感器等），实现对小镇空气、水、电、垃圾、交通等小镇环境的实时信息采集。

基础网络全覆盖。着力提升 4G/5G 移动通信网、有线 / 无线宽带网、物联网的覆盖效果，建成多种样式、全面覆盖、无缝切换的网络环境。

展示终端多呈现。灵活运用小镇客厅（实体或虚拟）户内外视频、农村应急广播、小镇微信号、小镇 APP 等各种智慧展示终端或形式，全方位展示小镇的基本面貌，提供推广营销、互动查询等功能。

智慧硬件深组合。因地制宜地建设各类智慧元素组合型设施（如智慧灯杆、智慧电网、室外云亭等），方便提升小镇的感知、管控、展示等能力。

2）搭建便捷化的管理体系

有效运行。按要求搭建并有效运行“四个平台”系统，实现与其他相关政务平台的有效互通，建立上下联动、层级清晰、覆盖全域的管理体系。

小城镇管理有效推进。结合街路长制、网格长制等，建成数字化小镇区域管理系统，实现对卫生环境的有效管理和对摊乱摆、线乱拉、道乱占、房乱建等的实时监管，并逐步达到智能感知、分析研判、有效查处、指挥调度等功能。

交通秩序有效管控。通过多渠道、多技术汇集交通信息，围绕出行科学诱导、违章及时制止、停车有序便捷等，建设交通管理系统，实现对小镇交通管理、路网、出行、停车等交通领域全方位的管控支撑。

应急安全有效保障。积极提升小镇应急响应能力，完善信息安全保障架构，加强共享信息安全防护，实现对应急事务的有效支撑和信息数据的安全保障。

规划管理有效开展。加强规划设计引领，鼓励建设小镇地下管网监管系统，切实整合各类规划、基础地理、项目审批等信息，实现基础数据共享、监管同步等功能，提升小镇管理水平和决策能力。

3）提供整合化的服务体系

深化“最多跑一次”。进一步优化办理流程、推进信息共享程度、扩大服务覆盖范围，最大限度为企业和人民群众提供便捷化的政务服务。

提升环保智慧化。围绕空气、地下 / 地表水、噪声、污染源等监测和垃圾分类处理，积极部署智慧设施，提升实时管控能力和处置水平。

提升医疗智慧化。通过信息化手段打造区域医疗信息和终端服务平台，提升小镇各类人群尤其是儿童、妇女、老人的医疗服务满意度。

提升教育智慧化。面向小镇群众打造教育应用平台和服务终端，开展个性化、智能化学习活动，提升小镇教育资源的共享和服务水平。

4）打造智慧化的人居环境

建设智能安防。结合雪亮工程建设小镇公共安全防控体系，实现对小镇各类公共安全事件的事前预防、事中感知和快速响应及事后调查及分析处置。

打造智能社区。结合小城镇保障性安居工程、棚户区改造、城中村改造、农村危旧房改造，集成社区智慧信息、社区智慧物业、社区智慧安保等，加快智慧社区建设。

引入智能家居。鼓励推广智能家居应用，实现门禁控制、防盗控制、智能家电控制、灯光控制等家居智能化服务。

5）培育增值化的智慧产业

培育智慧农业。鼓励打造智慧型田园综合体，提升智慧化播种、滴灌、收割、养殖、储藏等方面的能力，拓展农业电子商务、食品溯源防伪、物流运输交易等产业。

培育智慧制造。鼓励采用智慧手段，如工业互联网、工业云、协同制造等，积极引导企业由传统制造方式向现代制造模式转变，不断提升适应市场的能力。

培育智慧旅游。鼓励推进全域化旅游信息数据库建设，积极构建包括信息咨询、景区景点、在线预订、行业管理等多种功能的一站式网络平台，实现吃、住、行、游、购、娱等的智慧化服务。

6）拓展特色化的功能应用

提升村落保护开发。积极利用各类智慧化手段，加大对历史文化（传统）村落和古建筑的保护、开发和利用，提升安全防灾和综合发展能力，改善居民的生产生活环境，以切实打造好具有地方特色和较高影响力的历史文化小镇。

发展特色产业应用。立足当地实际、行业特色和发展需求，利用网络化、数据化、信息化等转变发展模式，促进产业化推广、附加值提升、多样性开发，不断提升特色产业的价值地位，实现小镇可持续发展。

三、智慧小镇技术架构

智慧小镇需要构建通信网、互联网、物联网 3 张基础网络，实现万物互联、网络传输、联防联动，打造一个综合管控平台，通过大数据分析和分层建设达到平台能力及应用可成长、可扩充。

智慧小镇建设顶层设计包含从规划、建设、管理到运营全流程。智慧小镇建设的总体框架模型分为 4 个层面，如图 8-1 所示。

第一层是基础层，重点打造两张基础网络，即基础通信网络和感知物联网络，实现信息的采集和数据的传输功能。

第二层是平台层，构建智慧小镇的基础融合平台，实现多种平台数据的汇聚和融合功能。

第三层是应用层，通过对汇聚的平台数据的分析、挖掘和模型构建，实现智慧产业、智慧旅游、智慧医疗、智慧生活、智慧运营、智慧停车等各方面的应用。

第四层是展现层，将应用层的内容通过指挥中心、展馆展厅、电脑、手机、信息亭、户外大屏、IPTV 等方式，实现便捷的人机交互功能。

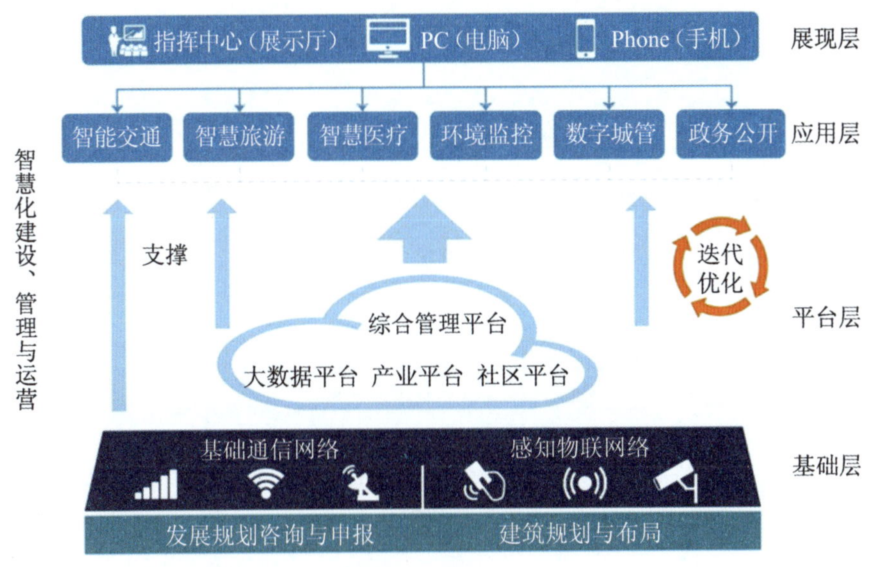

图 8-1　智慧小镇建设总体框架

四、智慧小镇建设思路

结合浙江省小城镇环境综合整治工作，通过前期的“线乱拉”专项治理，不仅让小镇变得干净整洁，而且为智慧小镇提前铺垫，包括网络宽带扩充、传感监控设备部署、平台搭建等，既节约了社会成本，又提高了建设效率，达到了一举两得的目的。

1. 基础层建设

基础层建设包含两个部分：其一，基础通信网络建设，包括光纤宽带网、4G/5G 移动网、NB-IOT 物联网以及无线 Wi-Fi 网的建设；其二，感知物联网络建设，包括 GIS、摄像头、RFID 等各类前端数据采集设备的部署，实现前端数据的采集与传输。

在该阶段，将同时推进浙江省正在进行的小城镇“线乱拉”治理工作，主要内容如下：

一是主干线“上改下”。主干线“上改下”工作是指结合不同小城镇主干线的整改标准，针对主干道、次干道等道路实施线路下地工程；

二是入户线“整治存量”。入户线“整治存量、规范增量”是指通过多网合一分纤箱等改造方式，开展“清线行动”和“清箱行动”；

三是“规范增量”、杆路“多杆合一”。杆路“多杆合一”是指应用智慧灯杆等产品，提供监控、路灯、充电桩等多项功能，并统一控制和管理，从而完成“洁净小镇”建设。如图 8-2 所示。

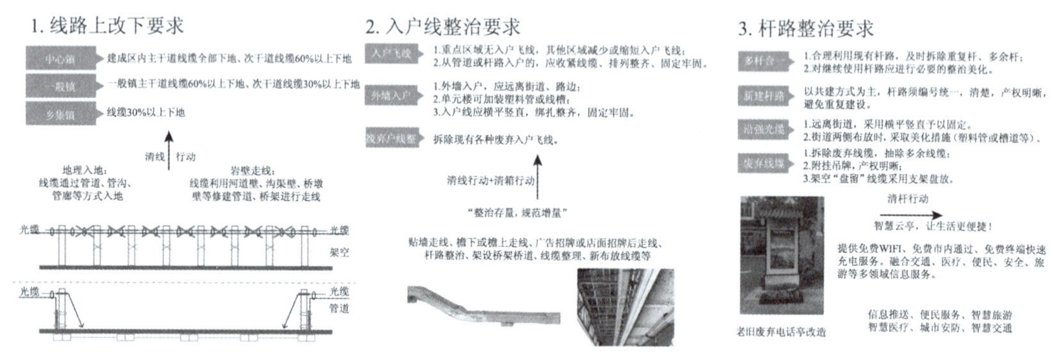

图 8-2 “线乱拉”治理的 3 种形式

如图 8-3 所示，这些治理内容将极大地促进“最后一公里”入户端共建共享模式的试点与推广工作。

2. 平台层建设

平台层为小镇智慧化服务提供平台支撑和数据融合服务。以浙江为例，在浙江省委办公厅、省政府提出的“综治工作平台”“市场监督平台”“综合执法平台”以及“便民服务平台”这 4 个平台建设部署工作的基础上，重点在于打造多业务融合平台。利用云计算、大数据等先进技术，在“四个平台”的基础上搭建行业专有云以及大数据中心，建成多业务融合平台。多业务融合平台主要负责统一整合、分析来自“四个平台”的大量业务数据，将所有数据资源进行集中，并通过数据共享的方式打破不同部门之间的信息孤岛，实现数据在“四个平台”中的快速传递，实现基础设施类数据（包括乡镇路灯、井盖、消防设施、停车位等乡镇部件数据）、业务数据（包括乡镇各类业务流程中产生的业务、事件、流程、档案等数据）、人口数据（对乡镇实有人口基础数据进行网格化管理，实现人、房信息精准查找）等类型数据的整合，有效减少数据的重复采集和存储，缩短业务处理流程及流转时间。多业务融合平台还具备对外开放的能力，能够提供标准化的开放接口，快速搭载上层应用，支撑各类互联网 APP、服务终端以及应用服务系统与多融合平台的对接，可与省、市级应用平台实现数据交换和资源共享。如图 8-4 所示。

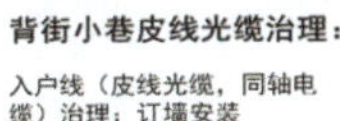

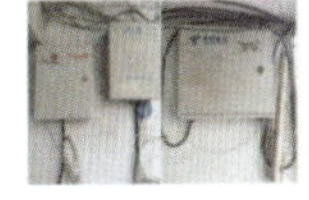

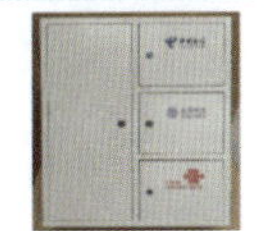

图 8-3　“线乱拉”治理前后对比图

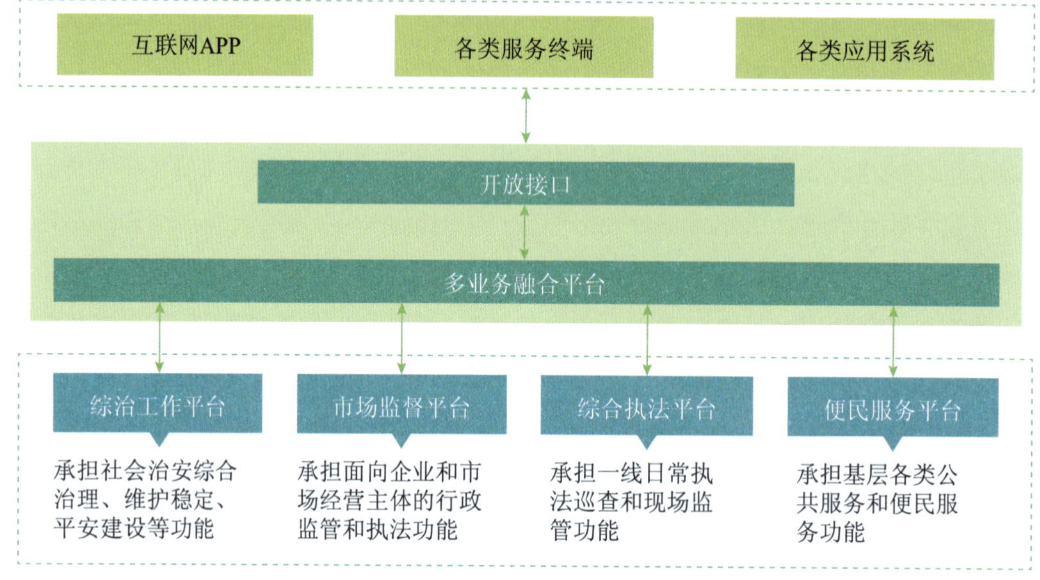

图 8-4　平台层建设示意图

平台层建设将《浙江省小城镇环境综合整治技术导则》中建设乡镇日常管理和应急处置的有效平台以及惠民利民的服务体系和“最多跑一次”的管理创新有机融合，有力地提升了浙江省小城镇信息化和智慧化水平。

3. 应用层建设

应用层建设主要是指平台层之上的智慧类应用。在全面建设智慧小城镇信息化基础设施之后，逐步深化智慧应用，实现智慧小镇业务加载，通过数据分析获得增值应用。

1）视频监控

通过安装视频监控设备采集监控点的图像信息，运用人脸识别、智能分析等先进技术，对图像进行自动识别、存储和自动报警。视频数据通过网络回传，并可对图像进行实时观看、录入、回放、调出及储存等操作。通过对出入口进出机动车辆、非机动车辆和行人的采集、分类监测和车辆特征识别，利用分类标记、机动车特征等条件可快速检索录像文件、自动关联有相关性的录像文件，及时提供异常事件的监控信息，并可实时统计交通流量等信息、显示道路的拥堵情况，实时监控重要场所的情况，打造立体化防控，将被动监控化为主动监控。

2）智慧管网

智慧管网是对地下管线实体与实时运行数据实现平台化管理，综合利用云计算、物联网、大数据、地理信息等技术，通过“一张图”以全景展示的方式面向地下管线规划、市政建设、应急管理以及管廊应急等方面提供全面应用服务，帮助小镇管理主体小城镇政府，建立统一长效管理流程，将新建、改造管网的申请、提交、审核批复、自动入档等业务流程信息化、平台化，避免“前清后乱”，为小镇的长效规范管理提供了强有力的保障。

3）智慧停车

智慧停车将无线通信技术、移动终端技术、GPS 定位技术、GIS 技术等综合应用于小城镇停车位的采集、管理、查询、预订与导航服务，实现停车位资源的实时更新、查询、预订与导航服务一体化，实现停车位资源利用率的最大化、停车场利润的最大化和车主停车服务的最优化。其智慧体现在：“智能找车位 + 自动缴停车费”，可服务于车主的日常停车、错时停车、车位租赁、汽车后市场服务、反向寻车、停车位导航。智慧停车的目的是让车主可更方便地找到车位，包含线下、线上两方面的智慧。线上智慧化体现为车主可用手机 APP 等方式获取指定地点的停车场、车位空余信息、收费标准、是否可预订、是否有充电、共享等服务，并可实现预先支付、线上结账功能。线下智慧化体现为可让停车人更好地停入停车位：一是快速通行，避免过去停车场靠人管、收费不透明、进出停车场耗时较长的问题；二是提供特殊停车位，比如宽大车型停车位、新手司机停车位、充电桩停车位等多样化、个性化的消费升级服务；三是同样空间内停入更多的车。例如，立体停车库可以扩充单位空间的停车数量；共享停车能分时段解决车辆停放问题。

4）智慧消防

智慧消防管理平台综合运用物联网、地理信息、数字视频监控、大数据挖掘等技术手段，对镇区联网单位火灾报警、监管、故障等多种信号进行实时监测、管理，提高火灾报警的及时性和可靠性，实现对消防设施的网络化集中管理，对重要场所和高危单位的报警处置实施定位跟踪，前移火灾预防关口，提高消防监管执法的针对性和有效性，并应用平台提供的消控值班人员查岗机制，督促镇区联网单位提高自身消防安全管理水平。消防管理平台包括信息收发、报警处置、综合服务、数据交换等部分，提供应急指挥中心、联网单位、维保企业、检测企业、生产企业和运维单位各类人员的集中管理和共享使用。

（1）公共消防设施信息管理。可对公共消防设施（消防站、消防车道、消防水源、室外市政消火栓管网水压、取水消防栓布置及状态、社会企业消防设施资源配置等）相关的信息进行实时登记和监督管理，提供准确的公共消防设施的资源。

（2）联网单位信息管理。可以管理包括联网单位名称、地址、建筑信息、单位类别、消防监管管理机构、消防管理人员信息、消防控制室信息、联网单位室内外消防设施信息、消防设施维保人员信息、消防设施定期检查及维护保养信息。

（3）远程监控。具有接收各联网单位安装的信息传输装置发送的各类报警信号的功能，对联网单位的火灾报警信息、建筑消防设施运行状态信息、消防安全管理信息进行接收、处理和管理。实时监测消防水泵的启动运行、故障状态报警，消防水系统管网压力、楼层压力报警，消防水池、高位消防水箱液位报警等。对发现不在线的设备发出联网故障信号，以便核查确认。

（4）远程报警。实时监测消防报警控制器的运行情况、火警情况、故障信息和开关机信息，显示报警信息的报警时间、接收时间、联网单位名称、联系人姓名、报警部件的名称、类型、位置等信息，与地理信息平台集成，并在地图上显示报警联网单位的位置。

（5）动态灭火救援圈分析。在发生火灾时，自动锁定火灾发生的位置，并智能分析可能发生火灾的区域，实时显示火灾的扩展路线和范围。智能分析并显示撤离路径和疏散策略，提高灭火救援的科学性、实时性，减少人员伤亡。

（6）智能预案制定。消防管理平台可使得指挥中心全面管理镇区的报警情况，第一时间接收到联网单位的火灾报警信息并进行核查，自动进行应急联动和力量调度，在火灾发生时第一时间进行资源调配和灭火救援，并实时显示消防救援队的出警状态、出动的救援车辆情况和人员情况，以便救援人员以最快的速度处置火灾，避免事故的扩大化，减少损失。

5）生态环境监测

通过统一规划、优化整合生态环境监测点位，建设涵盖环境空气、地表水、地下水、海洋、土壤、噪声和辐射等要素的布局合理、功能完善的环境质量和污染源监测网络，多维度监测对天、地、水等环境要素进行全面、全方位的监测监控。将各种不统一的监测数据集中按照标准转换到数据中心，统一、标准的数据提高了数据的利用率，进行标准、统一的数据转换，实现对废水、废气等污染源的实时在线监测，通过对污染监测数据的采集、传输、统计、分析等，实现污染源监测数据的统一管理、数据超标预警、监测设备的管理。完善环境监测质量控制体系，按照统一的标准规范开展监测和评价，客观、准确地反映环境质量和污染物排放状况。通过直观、形象的展示平台，可在 GIS 上进行预测演练，动态地查看影响范围，形成天地一体、上下协同、信息共享的生态环境监测网络，监测预报预警、环境风险防范、信息化水平明显提升。

6）智慧旅游

智慧旅游将汇集各类旅游行业信息化应用，整合各旅游行业应用的供应商渠道，打通旅游行业的中间壁垒，并在平台层上统一展示和部署，提供旅游行业的信息化应用服务，促进旅游行业的可持续发展。通过收集手机数据、监控数据、停车场数据、Wi-Fi 识别数据、消费能力数据、政府公共数据，构建社交网络、用户轨迹、用户价值、行业趋势等模型，匹配客户的各类信息，输出用户画像、客流统计、人流实时分布、消费能力分析等大数据报告，为政府和行业主管部门在精准营销、安全疏导、基础规划等方面的决策提供支撑服务。

7）智慧农业

智慧农业是充分应用现代信息技术成果实现农业可视化远程诊断、远程控制、灾变预警等智能管理。它是农业生产的高级阶段，集新兴技术为一体，依托部署在农业生产现场的各种传感节点（环境温湿度、土壤水分、二氧化碳、图像等）和无线通信网络实现农业生产环境的智能感知、智能预警、智能决策、智能分析、专家在线指导，为农业生产提供精准化种植、可视化管理、智能化决策。智慧农业可实现更完备的信息化基础支撑、更透彻的农业信息感知、更集中的数据资源、更广泛的互联互通、更深入的智能控制、更贴心的公共服务。如图 8-5 所示。

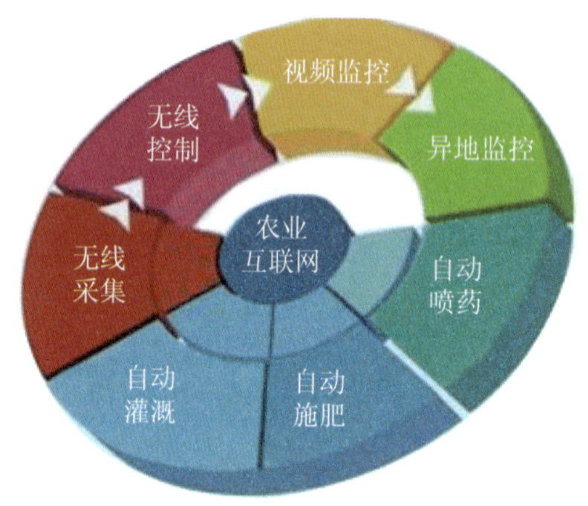

图 8-5　农业物联网构成

智慧小镇的建设可有效整合小镇信息资源，为居民提供无处不在的公共服务，为政府进行公共管理提供高效而有竞争力的手段，实现保民生、保稳定、保增长的目标。

8）智慧物流

智慧物流是利用集成智能化技术，使物流系统能模仿人的智能，具有思维、感知、学习、推理判断和自行解决物流中某些问题的能力，即在流通过程中获取信息从而分析信息做出决策，使商品从源头开始被实施跟踪与管理，实现信息流快于实物流。可通过 RFID、传感器、移动通信技术等让配送货物自动化、信息化和网络化。如图 8-6 所示。

图 8-6　智慧物流构成

9）智慧医疗

智慧医疗采用新型传感器、物联网、通信等技术结合现代医学理念，构建出以电子健康档案为中心的区域医疗信息平台，将医院之间的业务流程进行整合，优化了区域医疗资源，实现跨医疗机构的在线预约和双向转诊，缩短病患就诊流程、缩减相关手续，使得医疗资源合理化分配，真正做到以病人为中心的智慧医疗。将来医疗行业将融入更多人工智慧、传感技术等高科技，使医疗服务走向真正意义上的智能化，推动医疗事业的繁荣发展。

应用层建设的意义不仅在于完善配套设施，还在于治理低小散块状行业，深化“腾笼换鸟”，继续淘汰落后产能，引入新的产业，增强小城镇自身“造血”功能，使得小城镇发展进入良性循环。

4. 展现层建设

展现层建设主要是将应用层的应用结果通过各种方式形象地展示和提供人机互动

体验，如小型大屏指挥中心、微信公众号、电视导览、对外网站、短信推送、Wi-Fi Portal 推送等，方便政府领导、乡镇公民、投资客商、外地游客等获取信息，是小镇重要的宣传手段，有助于提升小镇整体形象。展示方式以云技术为依托，包括云端控制、云端存储、数字沙盘、大屏显示、环幕/弧幕/球幕影厅、迎宾地幕、超媒体显示、智能 VR 等，实现友好的人机交互和便捷的操作。

指挥中心是通过可视化技术直观展现智能化管理的窗口，它集运行状态、环境信息、地理位置、数据分析等信息为一体，以信息网络为基础，通过集成的视频监控系统、GIS 信息系统、网络通信系统、感知物联网络和应急联动系统，将应急指挥与调度集成在一个管理体系中，通过统一信息展示平台，实现各系统有机互动和预警分析、快速响应、统一指挥。如图 8-7 所示。

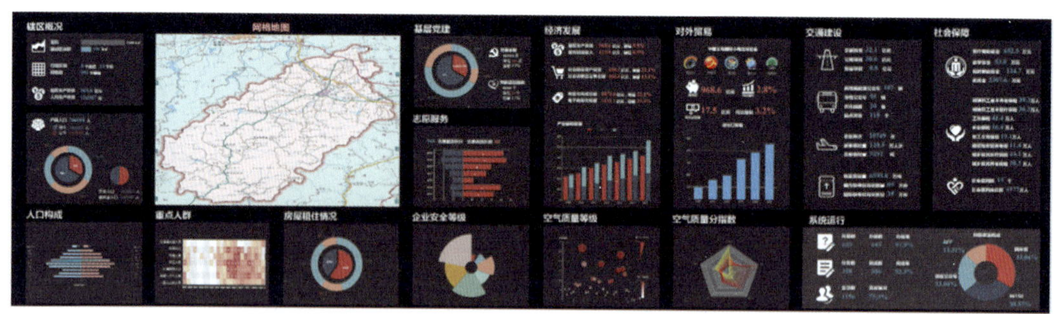

图 8-7　指挥中心示例

目前正在积极推进的“小镇客厅”是广受小镇政府欢迎的一种形式。利用展厅的形式把小镇的历史文化、经济发展、产业特点、招商政策、人才政策、土地储备、旅游资源、特产商品等内容以云技术为核心，突破时间和空间的限制，以一种新型、多媒体、个性化方式集中形象展示。可用于总结汇报、文化交流、行政接待、游客参观和招商引资等场所，特别是小镇内突发重要事件时，亦可用作各级政府的临时应急指挥中心。如图 8-8 所示。

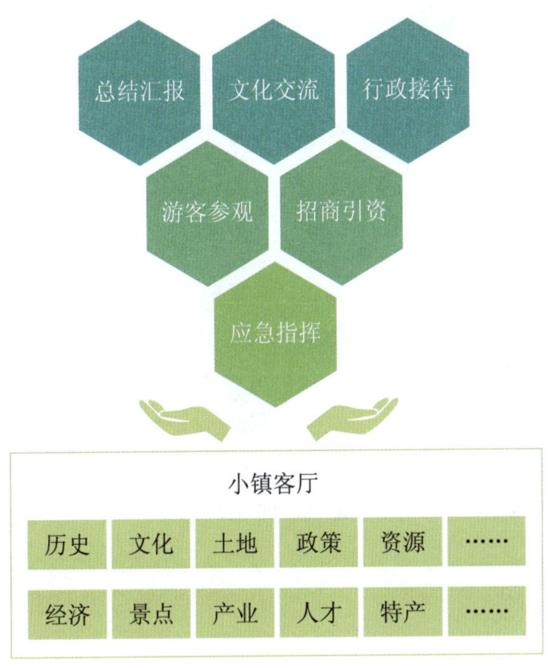

图 8-8　小镇客厅建设示意图

五、智慧小镇建设步骤

智慧小镇建设需要以规划为引领的“两阶段、三步走”的建设步骤。

第一阶段主要进行“线乱拉”等乱象的治理工作。以规划引领的顶层设计，编制智慧小镇总体规划、“线乱拉”整体整治规划，并且进行工程设计和施工，打造小镇的“面子”。通过始于“线乱拉”等乱象的治理，实现“洁净小镇”。

第二阶段打造小镇的“里子”。在第一阶段成果的基础之上，超越“线乱拉”治理，通过智慧化的应用，推进小镇产业发展，实现富村、富民的智慧便民服务。其实现过程如下：首先，以各类信息化平台的应用打造系统平台生态圈，形成“生态小镇”；然后进行平台的迭代升级，实现多平台业务融合，进一步探索数据驱动的运营模式，逐步实现创建“幸福小镇”的建设目标。

整个演进过程需要以公共设施改造为基础，融合系统性的信息化平台建设以及大数据应用，最终实现乡镇管理智慧化、服务便民化、多产业协同发展。如图 8-9 所示。

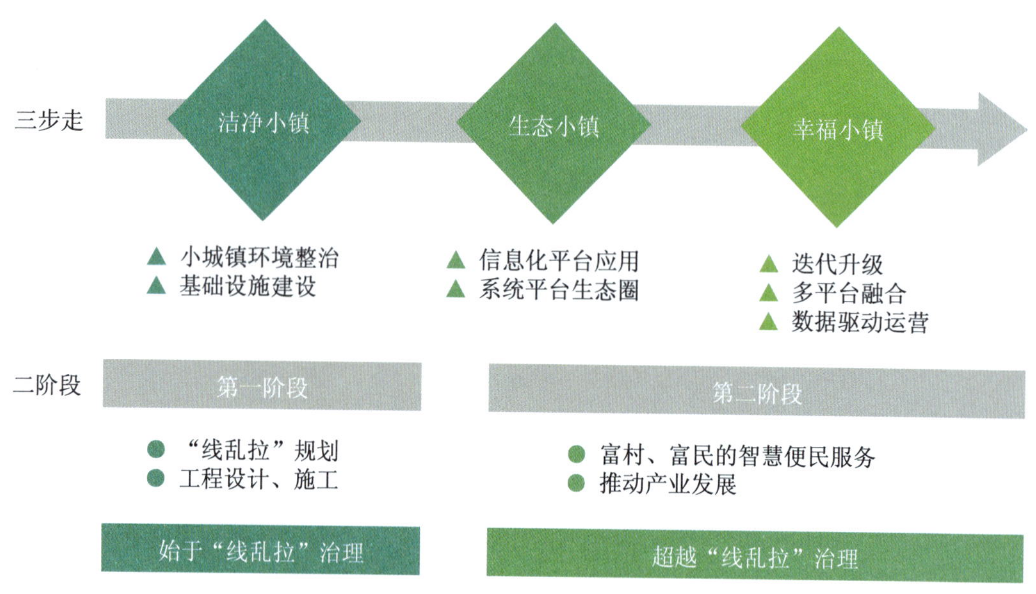

图 8-9　智慧小镇规划、顶层设计和建设步骤

第三节　智慧小镇的实施推进

智慧小镇是未来小城镇发展的必经形态，浙江省智慧小镇建设的探索是非常有价值的。以省级中心镇、一般镇、乡集镇不同小城镇级别依次延伸为横坐标；按不同小城镇级别、不同的建设层次，形成按需分级分层的推进方案，如图 8-10 所示。

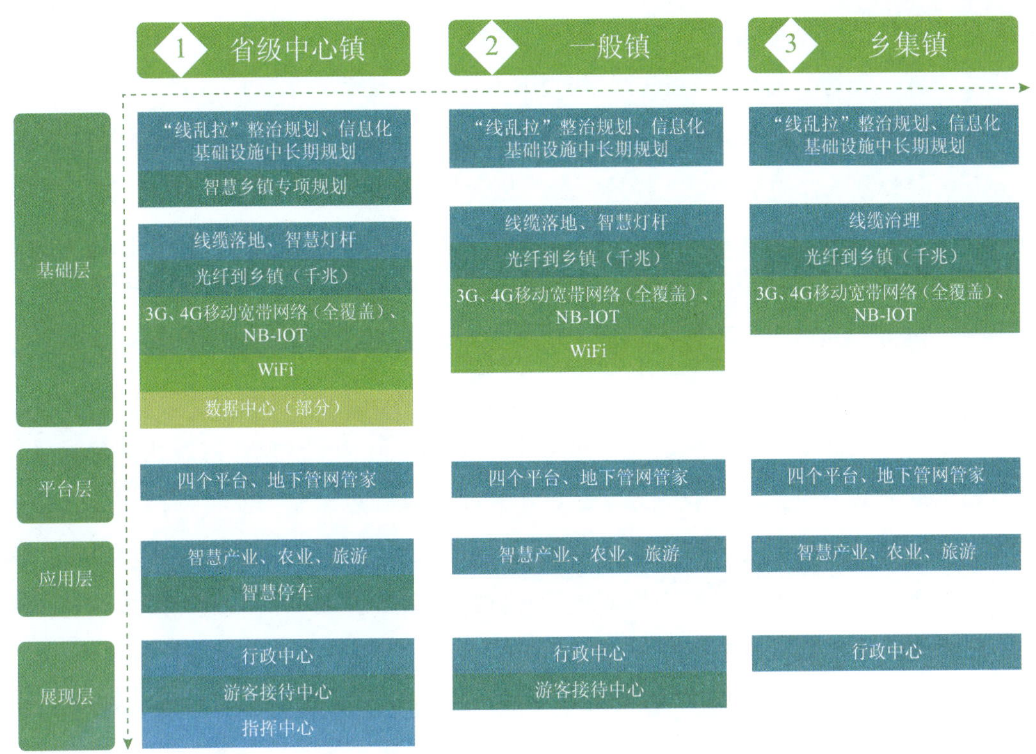

图 8-10　分级分层推进示意图

例如，对于省级中心镇，首先从顶层进行全方位的规划，为小镇制定“线乱拉”整治规划、信息化基础设施中长期规划、智慧小镇专项规划等一系列规划，发挥规划的引领作用。在实际建设中，按照分层推进的原则进行有序推进。首先进行基础层建设，包括现有线缆下埋入地，建设智慧灯杆，建设小镇千兆光网络，实现 4G 移动宽带网络全覆盖，热点区域 Wi-Fi 覆盖，搭建基于 NB-IOT 的传感网络，建设小镇数据中心等。在基础网络的基础上建设地下管网平台，为基础层的管线提供平台支撑，此外，平台层还需按照“四个平台”的建设要求搭建融合平台。应用层则根据小镇的发展需求，建设智慧产业、智慧农业、智慧旅游、智慧停车等各类应用。展现层主要搭建“三个中心”，行政中心为小镇居民提供办事和服务窗口，游客接待中心为外来游客提供接待服务，指挥中心为小镇政府提供管理和指挥调度支撑。

对于乡集镇，将优先制定“线乱拉”整治规划和信息化基础设施中长期规划，实现线缆治理、光纤千兆到镇、4G网络、NB-IOT网络覆盖。平台层搭建“四个平台”和地下管网平台。应用层建设智慧产业模块和智慧农业模块，优先促进小镇的经济发展，部分有旅游资源条件的小镇可选择开发智慧旅游模块。

以浙江省为例，为规划建设流程、巩固“线乱拉”的整治成果、快速推进小镇智慧化建设，配套了长效的、持续的管理机制。长效管理机制首先要明确责任主体，落实规划、建设、维护、监管责任，将小镇智慧化建设推进与成果的维护落实到具体责任人或单位，并细化责任内容，将责任范围进行明确，签订责任书，逐级落实，推进流程规范化、运营维护专业化、综合执法制度化以及企业考核自律常态化的建设。具体措施包括成立小镇智慧建设领导小组、下设小镇管理办公室、主管部门各司其职；推进规划审批，编制智慧小镇建设审批标准，各类建设方案会审通过方允许进场；实行施工验收制，施工方案、计划报属地管理部门审批、验收合格后方可投入使用；实行联合管理，联合委托资质齐全的第三方企业共同维护各类设备管控系统；加强综合执法，建立事后监督检查制度，建立健全专职、兼职网格化执法队伍；强化企业自律，制定考核制度和规范施工承诺制度，加强服务人员、施工人员的培训等。IT平台为长效管理机制提供技术支撑，规划审批、方案审批、考核制度的实施等加载在IT平台上完成，实现长效管理机制的高效运行。如图8-11所示。

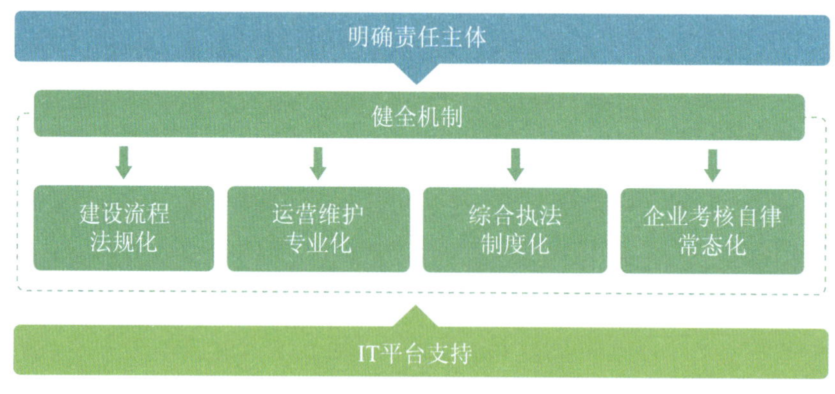

图8-11　长效管理机制示意图

第四节　智慧小镇的前景展望

目前，“智能化”和“物联网化”依然是科技圈里热议的话题，而讨论这些问题的同时，必然绕不开“智慧小镇”的概念。随着物联网（IOT）传感器的接入和移动互联网技术的发展，我们所处的小镇正变得越来越智能化，技术的发展也显著地改善了居民生活。

1）小镇将消除政府部门内的信息孤岛

越来越多的小镇正在寻求一种综合的、跨领域的方法来开发技术和共享信息。人们逐渐意识到在部门之间进行智能小镇项目的成本和危险越来越高，他们希望在部门之间共享基础设施，共享成本和数据，作为综合治理方法的一部分，而不是单一目的的自定义应用程序；他们希望相关硬件、软件和工具可以被多个部门同时使用。

警察、街道维护和 IT 等不同部门都会产生以上的需求，同时这是小镇建设和公众生活必不可少的一部分。当一个 IOT 传感器向有关部门发送信息时，数据只有使得相关人员看到它时才有价值。基础设施服务部门通过传感器发现街道某处车流密集的路段发生拥堵时，智能路灯上自带的监控传感器必须确保可以及时将该信息发送到交通管制部门。

“物联网技术只有位于操作技术和信息技术之间的横截面时才有意义，安装在路灯中的传感器及后台管理系统需要多方的战略、操作和财务考虑，” Infobright 首席执行官、伊利诺伊州技术协会物联网理事会总裁之一 Don DeLoach 说。

2）小镇也将上云

越来越多的小镇将认真考虑云选项和 XaaS，包括软件即服务、平台即服务和基础设施即服务。而目前，多地已经对未来 IT 设备的使用提出了政策性要求，鼓励采用云服务。未来，越来越多的小镇将开始着手应对政策变化带来的影响，以便能够顺利迁移到云端。

3）小镇和企业进行合作

小镇部门内不仅会消除信息孤岛，小镇还将与其他小镇进行合作，以便共享信息和技术。随着 IOT 成为主流，我们正在进入一个全新的时代。在这个时代，将物联网计划列入投资范围的小镇是推动智慧小镇的“领导者”，那些没有投资智慧小镇解决方案的小镇将被遗忘。在这种情况下，我们会看到越来越多的小镇之间进行合作，浙江的智慧小镇可能会对即将到来的其他地区项目产生影响，我们应该看到其发展潜能性。

小镇和企业之间的合作也在增加，因为这两者意识到这样的合作会使双方获益。在智能小镇中，越来越多的政府与商业公司展开合作。

机器学习的力量和能力将呈指数增长。随着小镇在大数据领域的不断创新，机器学习应用不断增加并与物联网融合。例如，机器学习将帮助为小镇、市政、公用事业智能挖掘物联网数据，机器学习也将是实现更具适应性和弹性系统的关键。

4）利用数据来提高效率

智能小镇将利用数据来改善公民服务。从犯罪检测软件到识别停车，小镇越来越多地利用数据来提高效率；办公楼也在使用数据来使小镇变得更加智能化。例如，纽约市的哈德逊园区开发出一系列传感器，收集人们的行为信息，根据这些信息调整服务，包括根据入住情况改变建筑物特定部分的能源使用情况。但数据将会产生的最大影响是，小镇越来越多地将所有数据提供给大众，他们将为企业家提供开发下一轮智能小镇技术所需的信息。

5）为人工智能提供发展空间

一些小镇会发展新兴技术来支持自动驾驶汽车，如百度无人车的推广使用。

智能汽车正在发展，但是，为了使自动驾驶车辆蓬勃发展，他们必须至少要保证基础设施的完整性，并且最好与周围的结构一起作为互联技术网络的一部分，支撑自动驾驶汽车的行驶。但是目前小镇的基础设施还不足以支撑它们。小镇的全国性转型才刚刚开始。

目前，强调“最后一英里”的连接（中国也有类似“最后一公里”的概念，现在蓬勃发展的共享单车就是为了解决这个问题），将会有很多目前正在试点的技术投入应用，如邻居间的自动驾驶汽车自动组成车队，这或许可以弥合家庭和公共交通枢纽之间的差距，允许乘客更方便和安全地旅行。

随着连接车辆变得越来越普遍，我们将开始看到来自中央交通管理系统的实时状态信息，通过共享，数据可以从车辆中的传感器组合生成当前道路的实时信息条件以及交通事故状况。智能小镇将准备好利用这些新的数据集，这将有助于使小镇居民的工作生活更加轻松，比如帮助避免交通拥堵或很容易在拥挤的地方找到一个停车位。

很难预测哪些技术可以成熟到足以在明年产生广泛的影响，但笔者认为支撑人们在小镇里进行互动的移动网络将出现一些重大转变。毕竟，对于大多数人而言，技术发展迅速是人们喜闻乐见的，而真正能落实到具体应用才是至关重要的。

鸟语花香、水清天蓝、出行安全通畅、医疗便捷温暖、公共服务高效热情、无线网络无处不在……这就是人们理想中的智慧小镇。

参考文献

[1] 中华人民共和国国家标准：《通信管道与通道工程设计规范》（GB50373-2006）.

[2] 中华人民共和国国家标准：《通信管道工程施工及验收规范》（GB50374-2006）.

[3] 中华人民共和国国家标准：《通信局（站）防雷与接地工程设计规范》（GB 50689-2011）.

[4] 中华人民共和国国家标准：《电缆及光缆燃烧性能分级》（GB 31247-2014）.

[5] 中华人民共和国国家标准：《阻燃和耐火电线电缆通则》（GB/T 19666-2005）.

[6] 中华人民共和国国家标准：《通信线路工程设计规范》（GB 51158-2015）.

[7] 中华人民共和国国家标准：《通信线路工程验收规范》（GB 51171-2016）.

[8] 中华人民共和国通信行业标准：《架空光（电）缆通信杆路工程设计规范》（YD 5148-2007）.

[9] 中华人民共和国通信行业标准：《光纤到户（FTTH）工程施工操作规程》（YD/T 5228-2015）.

[10] 中华人民共和国通信行业标准：《通信建设工程安全生产操作规范》（YD 5201-2014）.

[11] 中华人民共和国通信行业标准：《通信工程设计文件编制规定》（YD/T 5211-2014）.

[12] 中华人民共和国通信行业标准：《电信基础设施共建共享工程技术暂行规定》（YD5191-2009）.

[13] 《通信建设工程安全生产管理规定》（工信部通信〔2015〕406 号文）.

[14] 《浙江省小城镇环境综合整治技术导则》.

[15] 《关于认真做好小城镇环境综合整治“线乱拉”专项治理方案编制工作的通知》（浙镇治办〔2017〕93 号）.

[16] 《浙江省“五类小镇”建设指导意见》.